纪连海谈论语

阳货·微子·子张·尧曰篇

纪连海 著

石油工业出版社

图书在版编目（CIP）数据

纪连海谈论语：阳货·微子·子张·尧曰篇 / 纪连海著.
北京：石油工业出版社，2019.1
　　ISBN 978-7-5183-2923-6

Ⅰ.①纪… Ⅱ.①纪… Ⅲ.①儒家②《论语》–通俗读物
Ⅳ.①B222.2-49

中国版本图书馆CIP数据核字（2018）第220178号

纪连海谈论语：阳货·微子·子张·尧曰篇
纪连海　著

出版发行：石油工业出版社
　　　　　（北京安定门外安华里2区1号　100011）
网　　址：www.petropub.com
编 辑 部：（010）64523607　图书营销中心：（010）64523633
经　　销：全国新华书店
印　　刷：北京晨旭印刷厂

2019年1月第1版　2019年1月第1次印刷
700×1000 毫米　开本：1/16　印张：11.5
字数：153千字

定　价：38.00元
（如发现印装质量问题，我社图书营销中心负责调换）
版权所有，翻印必究

前言

中国历史上下五千年，悠久而漫长，在历史的长河中，中华民族用劳动和智慧创造了光辉灿烂的文明，积淀了独具魅力的文化。

文化是一个民族的标志，更是一个民族的灵魂。

中华文化是中华民族无数古圣先贤、风流人物、仁人志士对自然、人生、社会的思索、探求与总结，是我国各族人民的智慧源泉与精神支柱，是中华民族的尊严与标志，更是中华民族屹立于世界民族之林的形象，它既是中华民族智慧的凝结，更是道德规范、价值取向、行为准则的集中再现。

中华民族之所以历经磨难而不衰，非常重要的一点，就是中华文化营造出的强大的民族向心力。中华传统文化是中华文明成果根本的创造力，是民族历史上道德传承、各种文化思想、精神观念形态的总和。以现在的学科分类，则囊括了中国古代的哲学、宗教、政治、科技、历史、地理、文学、教育、经济、军事、文化、艺术、民俗诸多方面。概括来说，传统文化包括经史子集、十家九流，它以先秦经典及诸子之学为根基，涵盖两汉经学、魏晋玄学、隋唐佛学、宋明理学和同时期的汉赋、六朝骈文、唐宋诗词、元曲与明清小说并历代史学等一套特有而完整的文化、学术体系。观其构成，足见其之广博与深厚。

千百年来，中华文化融入我们每一个炎黄子孙的血液，铸成了中华民族的高尚品格，书写了辉煌灿烂的历史，成为人类文明的不可或缺的组成部分。"己所不欲，勿施于人"的行为规范、"乐以天下，忧以天下"的政治抱负、"苟利国家，不求富贵"的报国情怀、"富贵不能淫，贫贱不能移，威武不能屈"的浩然正气、"志士仁人，无求生以害仁，有杀身以成仁"的献身精神、"知人者智，自知者明"的通达心态等，都传承着中华民族的精神基因，这是我们最深厚的文化软实力。

凝魂聚气，强基固本，习近平总书记就传承和弘扬中华优秀传统文化做出一系列重要指示。他指出："我们决不可抛弃中华民族的优秀文化传统，恰恰相反，我们要很好地传承和弘扬，因为这是我们民族的'根'和'魂'，丢了这个'根'和'魂'，就没有根基了。""一个国家、一个民族的强盛，总是以文化兴盛为支撑的，中华民族伟大复兴需要以中华文化发展繁荣为条件。"

在2017年10月18日召开的中国共产党第十九次全国代表大会上，习近平总书记提出要深入挖掘中华优秀传统文化蕴含的思想观念、人文精神、道德规范，结合时代要求继承创新，让中华文化展现出永久魅力和时代风采。习近平总书记的讲话，为我们继承和弘扬传统文化指明了方向。

一个没有自己文化的国家，可能会成为一个大国甚至富国，但绝对不会成为一个强国。也许它会强盛一时，但绝不能永远屹立于世界强国之林。而一个国家若想健康持续发展，则必然有其凝聚民众的国民精神，且这种国民精神也必然是在其自身漫长的历史发展中由本国人民创造、形成的。中华民族的伟大复兴，中华巨龙的跃起腾飞，离不开传统文化的持久浸润与滋养。

传统文化对于个人的成长更为重要。众多的专家学者认为，一个人的精神启蒙，往往始于不可替代的传统经典。试想，当优秀传统文化的经典了然于心，熟能成诵，孔子、孟子、老子、庄子等伟大的先贤就与你的生命相伴了。有圣贤藏于心，笃于行，德必向善，学必精进，功自然成。潜心于传统文化，我们就会发现其蕴含的无法穷尽的智慧，并从中领略到恒久的治世之道与管理之智，体

 纪连海谈 论语

悟到超脱的人生哲学与立身之术。

中国人民在历经站起来、富起来的历史进步后，将迈入建设中国特色社会主义现代化强国"强起来"的新时代。历史悠久、光辉灿烂的中华传统文化，是一座人类文明的巨大宝库。系统地了解、认识中华文化精华，更好地继承中华民族优秀文化传统，激发民族自豪感，增强民族凝聚力，大力弘扬爱国主义精神，是我们应当担负起来的神圣的历史责任。

为了让更多读者从传统文化中受益，我们特别邀请了中央电视台"百家讲坛"著名主讲纪连海主编了这套"名家谈国学经典"丛书。

"名家谈国学经典"系列将分辑出版，这次出版的是第一辑，分别是《纪连海谈论语》《纪连海谈道德经》《纪连海谈黄帝内经》《纪连海谈孙子兵法》《纪连海谈三十六计》《纪连海谈孟子》《纪连海谈庄子》。这些经典著作高度浓缩了中华五千年文明的精华，包含了中华民族生存的大思想、大智慧。

丛书富有知识性、哲理性和可读性，尽量把艰难晦涩的传统文化予以通俗化、现实化的演绎，以古今中外的精彩案例解析深刻的文化内涵，让传统文化焕发出历久弥新的时代风采。丛书秉承了纪

连海一贯的幽默活泼、接地气的语言风格,使读者在轻松愉悦和饶有趣味的阅读中,收获满满的人生感悟。

丛书瑕疵难免,错漏之处敬请读者批评指正。

孔子和《论语》

1988年1月，75位诺贝尔奖获得者在法国巴黎发表宣言："如果人类要在21世纪生存下去，就必须回到两千五百年前去汲取孔子的智慧。"

一、孔子是怎样的一个人？

孔子（公元前551—公元前479年），名丘，字仲尼，在家族中排行第二，故也有人称之为孔老二，春秋末期鲁国陬邑人，汉族，享年七十三岁，葬于曲阜城北泗水南岸，即今日孔林所在地。他是我国历史上伟大的思想家、教育家和政治家，居"世界十大文化名人"之首。

纪连海谈 论语

在山东曲阜2017年祭孔大典上,有专家这样解说孔子:孔子是"三个人",一是中华文化的圣人;二是中国文化的恩人;三是百姓的亲人。

纵观孔子的一生,有必要重新认识孔子,对孔子的定位应该是思想家、教育家、政治家、儒家学派创始人和至圣先师。

孔子的业绩主要有四方面:一是兴办私学,改变了教育被官方垄断的历史;二是中华道统的奠基者,建构了仁礼并重的价值体系、内圣外王的治理之道和中和谦美的道德文明;三是中华学统的开创者,晚年删《诗》《书》、定《礼》《乐》、赞《周易》、修《春秋》,中华学术文化全体大用,悉在六经中开出;四是一生好学不倦,勇猛精进,超凡入圣,成为万世师表。

这些都是后人对孔子的溢美之词,要想真正了解孔子,与圣人亲密接触,必须回到原点,读原汁原味的《论语》。

作为一部优秀的语录体散文集,《论语》以言简意赅、含蓄隽永的语言,记述了孔子的言论,其中所记孔子循循善诱的教诲之言,或简单应答、点到即止,或启发论辩、侃侃而谈、富于变化,娓娓动人。

读《论语》,读的是一句一句话,看见的却是一个个活生生

的人。

当你用心去唤醒文字，感受孔子和弟子以及其他人物的形象，想象他们的样子的时候，语言就像渡船一样把你渡过去，沉睡的孔子也站起来了，从远处向你走来，"含情脉脉"地看着你。你的阅读就像皮格马利翁看"美女雕塑"一样，看着看着就把她看活了，你就会读出一个性格丰富、个性鲜明、十分可爱的孔子和一个个性情各异的弟子。

孔子是《论语》描述的中心，"孔子风采，溢于格言"，书中不仅有关于他仪态举止的静态描写，还有关于他的个性气质的传神刻画。

孔子达观率性，修身以敬。《阳货篇》中讲了这样一个故事，说孔子来到武城，嘲笑其治理者"割鸡用牛刀"，子游予以反驳，这使他意识到了自己的错误。"前言戏之耳"，一句话将孔子当时的羞愧展现出来，同时前一句"二三子！偃之言是也"写出了孔子虚心向弟子学习的品质。即使是圣人也会犯错误。《论语》中这段孔子犯了错被人指出后的情态描写，为严谨端庄的孔圣人涂上了一抹鲜活生动的颜色。

孔子虽然庄重，却是一个浑身充满幽默感的人，那是一种让人

"近之也温"的大气、智慧、乐观和风度。当别人无不讽刺地说："孔子你可真了不起,你学了那么多玩意儿,然而却没有任何能够出名的本事,你究竟会什么呀?"孔子听了,并没有为自己辩护,而是嬉笑着对自己的弟子们说："我干什么呢?当射手呢,还是赶马车呢?我还是赶马车好了。"这是一种无厘头似的自嘲,尽显俏皮、戏谑的语气和神态,在自嘲中,一个理想主义者的大度、达观立现。

孔子还是个内心充满理想和生活热情的人,在不如意或受打击的时候,虽然也发发牢骚,说过"知我者只有老天爷吧",或者干脆撂挑子不干,"道不行,乘桴浮于海",要乘着竹筏隐居海外。但他也只是说说而已,他总能很快从打击中恢复,让生活变得轻松、欢快。

此外,《论语》还成功地刻画了一些孔门弟子的形象,如子路的率直鲁莽、颜回的温雅贤良、子贡的聪颖善辩、曾皙的潇洒脱俗,等等,都称得上个性鲜明,给人留下了深刻的印象。

二、《论语》是一部什么样的著作?

《论语》主要记录了孔子及其弟子的言行,共二十篇,由孔子的弟子及再传弟子编写，是我国古代儒家经典著作之一，每篇篇名以开头两三个字来取，有语录、有对话，也有故事，形式活泼多样，是了解孔子为人、孔子思想的重要资料。

《论语》完整而充分地反映了"大成至圣先师"孔子"为政以德、仁者爱人"的政治思想、"诚信处事、智慧生存"的人道思想、"有教无类、启发诱导"的教育思想，等等。直到"新文化运动"之前，它一直是中国人的蒙学必读之书。其无与伦比的历史地位和思想高度完全不亚于西方人眼中的《圣经》。

《论语》是道德与智慧的凝结，它像是一个循循善诱的教师，又像是一个正直、坦率、宽容的友人，它可以映射出人们的道德情操、品性修养，让人们在生活中找准自己的方向。

《论语》终极传递的是一种朴素、温暖的生活态度，教给人们如何在现代生活中获取心灵的快乐、适应日常秩序、找到个人坐标。

《论语》以简约的语言点出人生大道，让后人一一去实践，让那种古典的精神力量在现代的规则下融合成为一种有效的成分，让每一个人真正建立起有效率、有价值的人生。

宋代开国宰相赵普曾自诩以半部《论语》治天下。确实，《论语》作为一部自汉代以来统治中国两千多年的儒家经典著作，蕴藏着深刻的政治智慧和管理智慧。北大教授季羡林先生则进一步说，"用不了半部《论语》就能治天下，仅仅用《论语》中的'己所不欲，勿施于人'这八个字就能治天下。"被誉为"日本企业之父"的涩泽荣一说："要把现代企业建立在算盘和《论语》的基础上，我的成功经验：《论语》加算盘等于成功。"

可见，不管是学文、从商、做官还是从事企业管理，都用得上《论语》。

愿这本书像一股清泉缓缓流过人们喧嚣浮躁的心灵，成为点燃灵感、涵养智慧、提升道德的一剂灵丹妙药。

阳货篇 1

微子篇 67

子张篇 99

尧曰篇 155

阳货篇

原文

阳货欲见孔子①,孔子不见,归孔子豚②。孔子时其亡③也,而往拜之,遇诸涂④。谓孔子曰:"来!予与尔言。"曰⑤:"怀其宝而迷⑥其邦,可谓仁乎?"曰:"不可。""好从事而亟⑦失时,可谓知⑧乎?"曰:"不可。"日月逝矣,岁不我与⑨。"孔子曰:"诺,吾将仕矣。"

注释

①阳货欲见孔子:阳货,名虎。见孔子,想让孔子谒见他,使动用法。见:谒见,拜见,后句的"见"用法同。

②归:通"馈",赠送。豚(tún):小猪,这里指蒸熟的小猪。

③时其亡:打听到他不在家时。时:通"伺",窥伺:暗中窥探。孔子不愿见阳货,趁他不在家时去回拜。

④涂：通"途"，道路。

⑤曰：这里的"曰"，和下文的两个"曰不可"都是阳货自问自答。

⑥怀其宝：比喻自己怀藏着才能。迷：乱，使乱，使动用法。

⑦好（hào）从事：指喜好从事政治活动。亟（qì）：屡次。

⑧知：同"智"，聪明。

⑨岁不我与：岁月不等待我们。否定句宾语前置。与：在一起。这里当"等待"讲。

纪老师说

这是一个由一头蒸乳猪引发的公案，或者说阳货能不能见到孔子由猪说了算。

其实，这是孔子应对一个自己不待见、政见不一致的政客的故事。

先认识一下阳货这个人，他姓阳，名虎，字货。有人说阳货就是那个"一毛不拔"的杨朱或其弟杨布，古者布虎同音，布货皆指钱币。

如果孟子靠谱的话，"为富不仁"应该是阳货的名言，能为汉语言创造一个成语的人想必会有其非凡之处吧？《孟子·滕文公上》阳虎曰："为富不仁矣，为仁不富矣。"听起来这是一位很有正义感的人。

《史记·孔子世家》里有记载，孔子十五岁时母亲去世，那一年季氏飨士——设宴招待士子，穿着孝服的孔子也去了，正遇上阳货，阳货斥道："季氏飨士，非敢飨子也。"这话难听，听口气阳货至少是个长者，在这一场"遭遇战"中孔子落荒而逃。

孔子还曾经因为阳货而受过一次难，《史记·孔子世家》里记载，孔子离开卫国，准备到陈国去，经过匡地。匡人曾经遭受过阳货的掠夺和残杀，而孔子的相貌和阳货很相像，匡人以为孔子就是过去曾经残害过匡地的阳货，于是围困了孔子，这就是"子畏于匡"的故事。

历史上的阳货是一位不折不扣的乱臣贼子，他是季氏的家臣，把持季氏的家政，陪臣执国命，还与季氏的另一位家臣公山不狃一起叛乱，失败后奔齐奔晋，不得善终。他想招募孔子加盟，但孔子并不待见他。因此，阳货想跟孔子见一面都很难，还得耍一点花招，趁孔子不在家时送头猪给他，这在当时算是比较贵重的见面礼了。孔子不在家，依礼他必须回访。《孟子·滕文公下》中说得更

纪连海谈 论语

清楚："大夫有赐于士，不得受于其家，则往拜其门。""往而不来，非礼也；来而不往，亦非礼也。"原本就是礼的常规，回访是不可避免的，孔子这里也耍了一回心眼，他瞅准了阳货不在家时回访。但怕什么来什么，竟然在半路上撞见了阳货，才引出本章这段公案。

面对趾高气扬的阳货咄咄逼人的样子，孔子只好顺着阳货的话说，并且最后答应出来做官。其实，这是孔子虚以应付，根本不会出来做官的。

从这件事看，孔子这位圣人，并不是传说中那样呆板，他也有一套的，很讲究策略的，不是直接拒绝阳货，而是能逃避就逃避，避不过去就顺着来，你说什么就是什么，口头上答应你，但是，绝不会去做的，保持了自己的清白和独立。

孔子这种做法，对于个性非常倔强、人格又很清高的人来说，应该是很好的经验，孔子对待阳货的过程说明了他待人处世很有一套，这样做不但不伤害别人，同时也保护了自己。

原文

子曰:"性相近也,习相远也。"

纪老师说

什么是"性"?"性"就是与生俱来的东西,任何人,不管他父母是什么民族、种族,也无论他的父母是贫贱还是富贵,是好人还是坏人,其与生俱来的"性"都像是素练白绢,没有颜色,没有善恶的痕迹。这就是"性相近"的意思。

而何为"习"呢?"习"是后天环境的影响,人既生之后,环境影响各异,性随之而变,如素绢白练沾染了各种颜料,逐渐变得差异越来越大,有了善恶的区别。这就是"习相远"的意思。

《中庸》开篇说:"天命之谓性,率性之谓道,修道之谓教。"可以说是对教育本质的解读。天性就是人的自然禀赋,顺依

纪连海谈 论语

本性即是道,教育的原则就是遵循这一本性行事。

李双江的儿子称得上是根正苗红,4岁入选奥运形象大使,10岁加入国家少年冰球队,爸爸是中央音乐学院知名教授,集万千宠爱于一身。2011年他因打人被收容教养一年;2013年2月,因涉嫌轮奸案被刑事拘留。同年9月开庭,被北京市海淀区法院判处有期徒刑10年。没有人说他的"性"是坏的,可是他的"习""远"到今天这个地步,一定是教育出了问题。

长大是不可避免的,教育一方面就是为了促进这种改变,另一方面正确的教育应该能够最大限度地保有受教育者的天性。

所以,我们的家庭、学校、社会,要好好反思我们的教育,绝不可忽视孩子的成长,要引导孩子树立正确的人生观、价值观,类似的悲剧,绝不能再发生。

原文

子曰:"唯上知与下愚不移。"

纪老师说 ● ● ●

上一章说人的品性在出生之时都相差不多,而后来学好则好、学坏则坏,并不是"不移"的。那么,"不移"的是谁呢?是"上知"与"下愚"。

因为具有了上等的智慧,也就看透了一切,因此不会被他人所左右。而下愚,不是指身处下位,而是人品低下,懒于学或不肯学好的,即使身居高位,而一有机会就贪赃枉法,虽似"聪明",也仍属下愚。

"智足以拒谏,言足以饰非",即他的智慧之高,足以拒绝你的谏劝;他的口才之好,足以把他干的坏事全说成好的。此话出自

纪连海谈 论语

《史记·殷本纪》"帝纣资辨捷疾,闻见甚敏;材力过人,手格猛兽;智足以拒谏,言足以饰非;矜人臣以能,高天下以声,以为皆出己之下。"这话原来是说商纣王的,但我们身边也有很多这样的人,认为自己聪明绝顶、能言善辩,你讲什么他都能辩出他的道理出来,你根本说不过他,其本质是他拒绝学习,就像商纣王一样。

这章其实是强调学习的重要性,鼓励人们重视学习,通过学习掌握知识、开发智慧、修养品格,提高自身的素质,由"愚"变为"智"。

原文

子之武城①，闻弦歌之声。孔子莞尔②而笑，曰："割鸡焉用牛刀？"子游对曰："昔者偃也闻诸夫子曰：'君子学道则爱人，小人学道则易使也。'"子曰："二三子，偃之言是也。前言戏之尔。"

注释

①之：到。武城：鲁国的一个小县城。

②莞（wǎn）尔：微笑的样子。

纪老师说

子游从政时，用心去实践孔子的为政思想。他在武城当地方官时，把孔子的那一套搬过来了，于是武城一片弦歌之声，这是运用

纪连海谈 论语

的孔子所认为的大道:用礼来规范人们的行为,用音乐来陶冶人们的心灵。

孔子到武城来考察,见到此情此景,情绪复杂,在这么一个小小的地方,竟用礼乐来教化民众,可大国都没有这般喜好礼乐之教的现象,于是孔子莞尔一笑:"割鸡焉用牛刀?"

孔子的本意可能是说,治理一个小小县城,怎么用得着礼乐之道这种治国的方略呢?

我们现在已不能确定孔子到底是在跟子游开玩笑,还是一时失言,但子游"当仁,不让于师"的精神和孔子师生之间畅所欲言的风貌却是跃然纸上。

从子游的答辩词来看,有时候,杀鸡用一用牛刀也未尝不可,虽然是治理一个小县城,也应该与治理一个国家同步,性质是一样的,只要能达到目的,用鸡刀用牛刀又有什么关系呢?

可敬的是子游,"吾爱吾师,吾更爱真理。"

孔子同样可敬,自己说错话了,立马诚挚地纠正并收回不当言论。

三国时的曹操中了东吴的反间计,错斩了两名水军头目,实际上在他喊出"斩讫报来"之时,就已经发觉错杀人了,但他只是在心里懊悔万分，嘴上还很强硬，就是没把二人再押回来，结果两员悍将人头落地，新选的将领不谙水战，导致战争失利。可见，勇于向下属承认错误是很难的事，但你不这样做，有时会引出更大的恶果。

> 原文

公山弗扰①以费畔，召，子欲往。子路不说②，曰："末之也已③，何必公山氏之之④也？"子曰："夫召我者，而岂徒⑤哉？如有用我者，吾其为东周乎？"

> 注释

①公山弗扰：又名公山不狃，字子拽，季氏的家臣，他由于拥护阳货，在费邑叛变季氏。畔：通"叛"。

②说：同"悦"。

③末：没有（地方）。之：去，往。已：止，算了。

④公山氏之之："之公山氏"。第一个"之"是结构助词，标志宾语前置。第二个"之"是动词，当"往""到"讲。

⑤徒：徒然，白白地。

公山弗扰是季氏的宰相，凭借费邑叛乱，派人来请孔子。那年孔子五十岁，一直没有行道机会，念及周文王、武王起初也只是从丰镐称王而兴周，故颇为心动，欲前往，借费邑而在齐鲁复兴周制。子路劝阻孔子，认为没有机会就算了，费邑不值得去。孔子最终没有成行，具体原因并不清楚。

《左传》与《史记》中都有这样的记载：公山弗扰伙同阳虎于定公八年发动叛乱，欲执季桓子而杀之，事败，阳虎入保阳关。明年，即定公九年，鲁师攻阳关，阳虎奔往齐国。公山弗扰随即盘据费邑继续作乱，召请孔子，孔子言辞之间有欲往之意。此时孔子年已五十，尚未入仕。

待到定公十二年，季氏打算堕毁费邑，根除叛乱，公山弗扰、叔孙辄率领费人袭鲁。其时孔子出任鲁国大司寇，指挥作战，打败了来袭者，公山弗扰与叔孙辄奔往齐国，遂堕毁费邑。

纪连海谈 论语

原文

子张问仁于孔子。孔子曰:"能行五者于天下,为仁矣。"请问之,曰:"恭,宽,信,敏,惠。恭则不侮,宽则得众,信则人任①焉,敏则有功②,惠则足以使人③。"

注释

①任:任用。

②有功:有成就,能取得成功。

③足以:"足以之"的省略。意即能够凭借它。之,指代"惠"。使人:役使人,使唤人。

纪老师说

恭、宽、信、敏、惠,是做人做事的五个基本条件,假使做到了，随便在哪一个领域，都会扬名立万。

据《史记·淮阴侯列传》记载，韩信少有大志，曾为项羽手下，不得重用，遂投刘邦。

萧何知道韩信的才华，并敬告刘邦，欲争天下，必得韩信。刘邦打算拜韩信为将，萧何说拜将不能留住韩信，刘邦说那就拜为大将，并听信萧何的意见举行隆重的典礼正式拜韩信为大将。

诸将听闻要拜大将后，都很高兴，人人觉得有机会被选为大将了。等到拜大将时，拜的竟是韩信，全军皆感惊讶。

韩信拜将后，刘邦问韩信有何定国安邦的良策。韩信问："同您东向而争天下的不是项羽吗？那大王自己估计一下，论兵力的英勇、强悍、精良，同项羽比谁高谁下？"

刘邦沉默良久，认为不如项羽。

韩信再拜，赞同地说："我也觉得您不如项羽。可是我曾经侍奉过项羽，请让我谈谈项王的为人。"

韩信说项羽刚猛，但只是匹夫之勇。人有疾病，涕泣分食饮；人有功当封爵者，忍不能予，只是妇人之仁；项羽为人残暴，百姓多不亲附。

韩信对项羽的精准分析极大地鼓舞了刘邦最终战胜项羽的信

心,"于是汉王大喜,自以为得信晚"。

虽然韩信未得善终,但他是楚汉争霸中的关键人物,就刘邦任用韩信的情节而言,以"恭宽信敏惠"概括这位汉朝开国皇帝也算合适。

原文

佛肸①召，子欲往。子路曰："昔者由也闻诸孔子曰：'亲于其身为不善者②，君子不入也。'佛肸以中牟畔，子之往也，如之何？"子曰："然，有是言也。不曰坚乎，磨而不磷③；不曰白乎，涅而不缁④。吾岂匏瓜⑤也哉？焉能系而不食？"

注释

①佛肸：晋国大夫范中行的家臣，中牟，范氏的私邑，在今河北邢台与邯郸之间。赵简子以晋侯名义攻打范氏，佛肸便以中牟为据点反叛，并在此时召见孔子，孔子认为赵简子如果灭掉范中行，就会行成三家分晋的形势，为了挽救晋的一统，因此想去佛肸处。

②亲于其身为不善者：以其身亲自做坏事的人的地方。于：用法同"以"。

纪连海谈 论语

③磷：薄。变薄，弄坏。

④涅：一种矿物，可做黑色染料。这里是名词活用作了动词。当染讲。缁：黑。

⑤匏瓜：葫芦的一种，味苦涩，不能吃。

纪老师说 ●●●

如果说鲁国乱得像一锅粥的话，那晋国就乱得像一盆浆糊。鲁国有三桓，晋国有六卿，分别是韩、赵、魏、范、中行（原姓荀）以及智氏，一番阴谋和阳谋之后剩下赵、韩、魏三家，日后三家分晋为韩、赵、魏三国，战国时代由此开端。

赵简子是晋国赵氏之大宗，是春秋时期一位雄才大略的人物，执掌晋国国政十数年之久。当时晋国六卿惯于挟晋君攻伐异己，各自扩张私家权利，原本没有什么公义可言。赵简子以晋侯名义攻范、中行，佛肸为范氏中牟邑宰，佛肸据中牟抵抗赵简子。

其实这件事很难界定是非，表面上看，赵简子代表的是晋君，对抗赵简子算是"叛乱"；另一方面，站在范家的立场上，佛肸至少是忠于主子，哪里有错？据《史记·孔子世家》记载，这是孔子周游列国途中发生的事情，正是他走投无路、人生昏暗的日子。

阳货来请的时候，孔子主动地、艺术地拒绝，说是出来做官，就是不出来。公山弗扰请的时候，子路反对，孔子说我是能治理好的。佛肸请的时候，子路反对，孔子说我是个苦瓜吗，这么没有用吗？

最后一句话，好像是孔子怀才不遇的样子。其实结合整段看，孔子的意思是即使我去了，也不会随波逐流，也不会受到他们影响的，真正坚硬的物体是磨不薄的，真正白的东西是染不黑的。孔子借此告诉子路，一个人如果有真正的内涵，那么在任何一种环境、任何一个时代，都始终站得住。

即便只是一个匏瓜，孔子也宁愿做一个能吃的匏瓜，绝不甘心只挂在腰间，而不被食用。为了出世，圣人甘愿成为一道菜！

虽然根据史实，孔子最后并未应召，但从文字中明显看出，孔子在晚年时出仕欲望迫切，他心中的这种矛盾，可以用他对弘扬大道的殷切希冀和久不得志的焦虑心情来解释。

我有金镶玉，世人却不识，怎么能不让人感到悲哀焦急呢？

纪连海谈 论语

> [原文]
>
> 子曰："由也！女闻六言①六蔽矣乎？"对曰："未也。""居②！吾语女。好仁不好学，其蔽也愚；好知不好学，其蔽也荡；好信不好学，其蔽也贼③；好直不好学，其蔽也绞④；好勇不好学，其蔽也乱⑤；好刚不好学，其蔽也狂。"

> [注释]
>
> ①六言：六个字。即仁、知（同"智"）、信、直、勇、刚六种品德。
>
> ②居：坐。
>
> ③贼：害，危害。
>
> ④绞：指说话尖刻。
>
> ⑤乱：小指捣乱闯祸，大指犯上作乱。

纪老师说

仁、智、信、直、勇、刚都是好品德，都是我们应该喜好和加以修养的。但是，如果不通过学习，不能通权达变地把握其实质，便很容易偏执一隅，造成危害，从而由"六言"变成"六蔽"。

宋国和楚国在弘这个地方开战，战斗开始，楚军呐喊着强渡泓水，向宋军冲杀过来。

宋将司马子鱼看到楚军一半渡过河来，一半还在河中，就劝宋襄公下令进攻，打楚军一个措手不及。

宋襄公却说："本王一向主张'仁义'，敌人尚在渡河，我军趁此进攻，那还有什么'仁义'可言？"

楚军渡过河，见宋军没有发起进攻，于是从容布阵。

司马子鱼又劝宋襄公："大王，楚军立阵未稳，我们赶快进攻，还有希望获胜，赶快下令吧！"

宋襄公指着迎风飘扬的"仁义"大旗，说："我们是'仁义'之师，怎么能趁敌人布阵未稳就发起进攻呢？"宋军仍然按兵不动。

楚军布好阵，以排山倒海之势向宋军杀来。宋军被楚军的威风和气势吓破了胆，不等短兵相接，一个个掉头就跑。楚军乘势掩

纪连海谈 论语

杀，宋军丢盔弃甲，一溃千里，宋襄公本人也被箭射中大腿，"仁义"大旗则成了楚军的战利品，宋襄公自己也因伤腿而送了命。这就是"好仁不好学，其蔽也愚"的典型。

推而广之，"六言六蔽"实际上就是反对教条主义，反对本本主义，主张具体问题具体分析，通权达变。

原文

子曰:"小子何莫学夫①诗?诗,可以兴②,可以观,可以群③,可以怨。迩④之事父,远之事君;多识于鸟兽草木之名。"

注释

①小子:指弟子,学生。夫:这或那。指示代词。因为意思较虚,也可不译出。

②兴:激发。

③群:合群。也即能与人相处。

④迩:近。

原文

子谓伯鱼①曰:"女为《周南》《召南》②矣乎?人而不为《周

南》《召南》,其犹正墙面③而立也与?"

注释

①伯鱼:孔子的儿子,名鲤,字伯鱼。

②《周南》《召南》:《诗经·国风》第一、二两部分篇名。周南、召南都是地域名称。周南,大体是汉水流域东部。召南,大体是汉水流域西部。儒家认为这两个地区的民歌合乎礼仪,故采集入《诗经》,名为《周南》、《召南》。

③正墙面:"正墙,面墙"。正对着墙,面对着墙。意思一样。

纪老师说

这是孔子对诗歌的社会作用的最高赞颂。现代诗歌批评所津津乐道的认识、教育、审美三大作用,在孔子的这两段话里都可以找到对应的位置。

在孔子的时代,《诗经》简直就是一部无所不包的百科全书,所以,圣人不仅以诗礼传家,要求儿子孔鲤学诗学礼,而且号召所有的学生都好好地去学诗。

上一篇孔子告诉学生,学《诗》的重要作用,集中体现在

"兴""观""群""怨"四个字上,还可以从中学得事父、事君的道理,多识鸟兽草木之名,真可谓获益良多。由此可见,孔子重视诗教,不仅在于学习《诗》的语言和文化知识,更是要通过"兴、观、群、怨"陶冶人的情操,并对弟子进行事父、事君等政治思想的教育。

这一篇孔子进一步谈学《诗》的重要性,指出不学习《诗经》的坏处。他认为,在诗三百篇中,《周南》《召南》乃是推行教化的基础性诗篇,不学,"其犹正墙面而立",朱熹于此处作注:"言即其至近之地,而一物无所见,一步不可行。"意即不仅视线被挡住,使眼睛看不见东西,而且寸步难行。这也是成语"面墙而立"的出典之处。

两章文字一正一反来说理,铿锵有力。

春秋时期,在外交活动中,为了谋求更大的政治利益,双方都是通过吟诵《诗经》来揣测对方意图,或者来表达自己的某种外交愿望,《左传》记载了数十起外交活动吟诵《诗经》的情况。

晋国公子重耳流亡秦国,适逢晋惠公去逝,晋国政局动荡。重耳想借助秦穆公之力回国夺取君位。秦穆公是重耳的姐夫,帮忙乃情理之事。但重耳能否堪任晋国君主,尚需"以诗会友"。

纪连海谈 论语

是日,秦穆公吟诗《采菽》,该诗意义,乃诸侯朝见天子便如同北辰居其所而众星拱之。重耳吟诵《黍苗》和之,该诗意义乃治国有规,便如同众星围绕北极星。秦穆公再吟诗《小宛》,此诗意义乃是,你堪当此任我不支持你,便无情无义。重耳和以《沔水》,意思是滴水之恩当以涌泉相报。

如此一唱一和中,双方不动声色地表达了自己的想法,摸清了对方的意图,既不伤感情,还达到了目的,古人真真太有才了!

孔子主张学《诗经》,诗经是礼、乐一体的文学体裁,内容丰富、健康向上,语句文雅,经常吟咏可以提高思维能力,感悟人生哲理。所以学《诗经》的孩子非但不会变坏,还能成为栋梁之才。

原文

子曰:"礼云礼云①,玉帛②云乎哉?乐云乐云,钟鼓云乎哉?"

注释

①云:句中语气词,有舒缓语气的作用。可不译,也可译成"呀"。下面几个"云"用法同此。

②玉帛:指举行礼仪时用的玉器、丝织品等礼器。在孔子看来,礼乐的意义不在于只有玉帛、钟鼓等形式。

纪老师说 ● ● ●

"千里送鹅毛,礼轻仁义重",礼并不只是指送送玉帛、送送乳猪之类,而是指它蕴含着的道德精神。同样,乐也并不只是指

弹弹琴瑟、敲敲钟鼓、唱唱歌之类,而是指这些活动对人的修养的升华。

孔子言礼乐,不仅是说制度问题,关心的不仅是礼乐架子,而是为礼乐贯注内在的道德动力。说穿了,孔子所重视的是礼乐的实质内容,反对的是徒具形式的外表门面。

《左传·昭公四年》里有一个著名的故事:鲁昭公到了晋国,处处做得恰到好处,晋侯就问女叔齐:"鲁侯不亦善于礼乎?"女叔齐回答说:"鲁侯焉知礼!"晋侯就很奇怪,鲁侯在每个细节上都很讲究,还不算知礼吗?女叔齐就说:"是仪也,不可谓礼。"并不是所有的仪式做得恰到好处、为人处世有礼貌,就算懂礼了。孔子便是在这个意义上说:"礼云礼云,玉帛云乎哉?"这种礼的精神,历代礼家称为"礼意"。

《孔子家语·曲礼公西赤问》中记载:子游问孔子:"送葬的人用泥车和草人草马殉葬,这是自古就有了。但是,如今有人制作偶像殉葬,这是无益于丧事办理的。"孔子说:"用泥车和草人草马比较好,制作偶像的人是没有仁爱的表现,这不是接近用人来殉葬吗?"可见,孔子赞成用泥车和草人草马,反对用偶像。

泥车和草人草马合乎"明器"的标准。明器是指随葬的器物,古人又称为"藏器",后世又称为"冥器",就是指专为死人加工,形象上相似,功用上不可利用的器物,因而其做工一般较粗劣。《礼记·檀弓》中记载这种明器"竹不成用,而瓦不成膝,琴瑟张而不平,竽笙备而不和,有钟磬而无簨簴",竹器、瓦器都无法使用,琴瑟和竽笙没有宫商之音,钟磬无法悬挂。之所以如此,并非是欺死者无知,而是为了节省人力、物力,只要能体现孝子的孝心和情感即可。

纪连海谈 论语

原文

子曰："色厉而内荏①，譬诸小人②，其犹穿窬之盗③也与？"

注释

①色厉：外表严厉。内荏：内心怯懦，软弱。

②譬诸小人：拿小人来作比喻。

③穿窬之盗：穿：穿洞，挖洞。窬：洞。盗：上古的"盗"指小偷。

纪老师说

这句话在文字上很好懂，是说有许多人，在外表的态度上非常威风，非常严厉，而内心则非常空虚。孔子对这类人下了一个结论，说他们相当于低级的小人，就像一个小偷，在被人抓到时，嘴上非常强硬，而实际上内心非常害怕。

孔子的语言力量之大，在于其精准、深刻，一针见血。挖墙洞的小偷，想获得好处，但又怕人看见，同样的道理，许多人表面上装成一种人，实际上内心却是另一种人，装的毕竟是装的，所以心虚。

毛泽东在延安对美国记者说："一切反动派都是纸老虎。"这是对色厉内荏的发挥。色厉内荏的人就是纸老虎，成语中的"外强中干"是色厉内荏的同义词。

秦国和晋国之间发生了战争，晋惠公要使用郑国赠送的马来驾车。大臣庆郑劝告惠公说："自古以来，打仗时都要用本国的好马，因为它土生土长，熟悉道路，听从使唤。用外国的马，不好驾驭（控制），一遇到意外，就会乱踢乱叫。而且这种马外表看起来好像很强壮，实际上并没有什么能耐，外强中干，怎么能作战呢？"但是惠公没有听从庆郑的劝说。

战斗打响后，晋国的车马便乱跑一气，很快陷入泥泞，进退不得。结果被秦军打得大败，晋惠公也被秦军活捉了。

庆郑所说的"外强中干"这句话，后来就成了成语。"外"是外表，表面；"中"是中间，内部；"干"是干枯、空虚。用来形容外表强大、实际上内部力量空虚。

纪连海谈 论语

原文

子曰:"乡愿①,德之贼也。"

注释

①乡愿:指丧失原则,同于流俗,媚世欺心伪善者。

纪老师说

为什么说"乡愿"是"德之贼"呢?因为这种好好先生四处讨好、八面玲珑,无论在什么事情上都搞无原则的一团和气,不得罪人,结果使道德、原则得不到伸张。又加上这种人总是以老好人出现,不像那些公开的坏人,所以,败坏了道德大家也不觉得,因此像偷道德的贼一样。

要说这种贼,在我们身边可多的是。拿原则做交易,拿工作当儿戏，圆滑世故，处处吃香。结果是升官发财，样样有望。你说他是贼，但他偷的是道德而不是现金，公安不能管，法庭不能上，又有谁能来捉他，谁能来审判他呢？

明朝人冯梦龙在其《古今谈概》一书中叙述了这样一则小故事：东汉末年的司马徽是个出名的"好好先生"，他与人交谈时，从不谈论别人的不是，无论好事坏事，一概说好。有人问候他："近来身体如何？"他回答："好。"有人向他诉说自己最近刚刚死了儿子，他回答："很好。"他的妻子责备他："别人认为你的品德好，所以才把难言的伤心事告诉你，可你为什么听说别人死了儿子，反倒说好？"司马徽听了妻子的话后回答说："像你这样的意见，也很好！"妻子听了，哭笑不得。

纪连海谈 论语

原文

子曰:"道听而涂①说,德之弃也。"

注释

①涂:通"途",在路上。

纪老师说

俗语说:"耳听为虚,眼见为实。"意思是凡事要事实求是,以事实为依据,对传言要仔细分析,探其究竟,在未弄清事实之前,不能妄加评论,四处传播。也就是没有调查,就没有发言权。

据说孔子的学生曾参住在郑国的时候,一个与他同名的人杀了人,有人跑去告诉他的母亲说:"可不得了啦,曾参杀人了!"曾母不信,只管织布。一会儿,又有一个人来告诉曾母:"曾参杀人了!"曾母还是不信。可是,等到第三个人来说同样的话时,她便立即起身而逃了。

大诗人李白为此写诗说:"曾参岂是杀人者?谗言三及慈母惊。"

大家熟悉的三人成虎的典故也是同样的道理。

《国策·魏策二》中记载:"夫市之无虎明矣,然而三人言而成虎。"谓有三个人谎报市上有虎,听者就信以为真。不论多么离谱的假话,说的人一多,就能使人认假为真。《国语·周语下》中记载:"故谚曰:众心成城,众口铄金。"铄,熔化也。众口所毁,虽金石犹可熔化,是说舆论的势力大了,众口一词,可以混淆是非。

因此,我们不论做什么事,都要注重事实,深入求证,在流言蜚语面前,头脑清醒,明辨是非,没有确凿证据,决不听人所传、传人所传。

纪连海谈 论语

原文

子曰:"鄙夫①可与事君也与哉?其未得之也,患得之②。既得之,患失之。苟患失之,无所不至③矣。"

注释

①鄙夫:鄙陋、庸俗,品德低下的人,也与哉,语气助词连用,重点在最后一个词,译为"吗"。

②患得之:实为"患不得之"。"之"代词,作"患得"的宾语,泛指利闻名禄以及地位。

③无所不至:没有他做不到的事。即什么坏事都做得出来。

纪老师说

得失之间既可以是名利,也可以是地位,只要是人需要的都有得失的存在。

孔子说如果一个人担心失去自己拥有的东西是十分可怕的,他们是什么事都干得出来的。这是历史的总结,他看到当时社会人们为了争夺权力,臣弑君,子弑父,上演了一出出鲜活的历史悲剧。据《史记·太史公自序》记载:"春秋之中,弑君三十六,亡国五十二,诸侯奔走不得保其社稷者不可胜数。"

患得患失的人为了得到自己的一己之利,或者为了保住自己的既得利益,不择手段,无所不用其极。春秋时代齐桓公的三个鄙夫奸臣易牙、开方、竖刁,就是这样的人。

管仲病重,桓公垂暮之年,桓公要寻找能接任宰相职务的人才,他向管仲提出了易牙、开方、竖刁三人,管仲坚决反对,说易牙"杀子以适君,非人情,不可",说开方"倍亲以适君,非人情,难近",说竖刁"自宫以适君,非人情,难亲"。一个将自己的亲生儿子煮汤给齐桓公喝,用心残忍;一个弃千乘太子之尊而侍奉君王,居心难测;一个自行阉割以讨好君王,其用心险恶。其三人,为讨好谄媚齐桓公,"无所不用其极"。果不出所料,仅一

纪连海谈 论语

年,桓公病重,三人谋反作乱,囚禁桓公,桓公病饿而死,死后无人掩葬,一直到尸体腐烂,"虫流于户"。

孔子告诫我们,无论是在工作中还是日常生活中,都要远离这样的人。

原文

子曰："古者民有三疾，今也或是之亡①也。古之狂也肆②，今之狂也荡；古之矜也廉③，今之矜也忿戾④；古之愚也直，今之愚也诈而已矣。"

注释

①是之亡：没有这些毛病。"是"为否定句代词做宾语，宾语前置。"之"为前置标志。亡，通"无"，没有。

②肆：直，正直。

③矜：矜持，自尊自大。廉：方正，有棱角。引申为直或正直。

④忿戾：凶恶，蛮横。

纪连海谈 论语

纪老师说

这段话很明显是孔子的感叹，孔子所说的"古代的人"是指商朝、周朝初年这些人，而所谓的"今天的人"是指与孔子同时代的人。

他说古时候人会有毛病，到孔子的时候也有同样的毛病，但是表现又完全不一样，变成了狂妄的放荡言行、矜持的愤世嫉俗、愚昧的耍弄心机，对于这种人实在是不知道该怎么办才好。

那个时代，孔子都觉得很遗憾，那如果活在当今世道，他老人家就一定会吐血身亡了！

君不见，古代的人狂是狂，但还狂得有一定限度，不过是说话做事放肆一点罢了，而现代的狂人却狂得无所顾忌，比如敢把公款拿来豪赌挥霍，光天化日之下持枪抢劫，完全是一种精神病态了。

古代的人矜持，还有一点矜持的原则，知道自己把握住自己，而现代的人矜持却行为乖张暴戾，自视甚高得忘乎所以"老子天下第一"，达到不可一世的地步了。

古代的人愚笨就一定直率，不会含蓄委婉，现代的人就连愚笨的也知道弄虚作假，存奸诈之心。

原文

子曰:"巧言令色,鲜矣仁。"

纪老师说

这条重出,见《学而篇》。

纪连海谈 论语

原文

子曰:"恶紫之夺朱①也,恶郑声之乱雅乐②也,恶利口③之覆邦家者。"

注释

①紫:红色和蓝色混合成的颜色,不是正红色,但却很接近。朱:大红色。古代称"朱"为正色。

②郑声:郑国的民间音乐。古人认为它淫靡放荡,不能登大雅之堂。雅乐:周王朝的正统音乐。雅,典雅。

③利口:口齿伶利,也即花言巧语。

纪老师说

"紫之夺朱"意思是紫色过度失去了原色红色。人们常以"红得发紫"来比喻那些官运亨通、仕途畅达的人。所谓红得发紫，就是红色过头了，就成紫色了。

《韩非子》里有一篇《齐桓公好服紫》，说齐桓公喜欢穿紫色衣服，文章讲的是"上有所好，下必甚焉"的大道理，没有说那位名叫小白的齐君为什么偏好紫色。据说喜欢紫色的还有鲁桓公等人，紫色是当时的流行色吗？

推崇礼乐制度的孔子提出了"郑声淫"，这里"郑声淫"的"淫"是过度的意思，也就是说"郑国之音"被评为过度、无节制的音乐，造成了春秋末期"礼崩乐坏"的社会局面，因此受到统治者的极力反对，贬其为"淫乐""亡国之音"。

之前对于巧言令色做了一次重复，其目的也是说，利口有覆邦的危险。利口就是口才锐利，无理能辩为有理，且能取悦于人。孔安国注："利口之人，多言少实，苟能悦媚时君，倾覆国家。"

历史上有名的奸臣赵高手段高明，阴险毒辣，善于揣摩皇上的心意，推波助澜，助纣为虐。他要弄政治阴谋，立胡亥为秦二世后，自己也做了高官，成为皇帝的信臣。一次，秦二世与赵高谈话，流露出及时行乐的意思，赵高马上顺风而上，竟然说及时行乐只有贤主才能做得到，而昏君是做不到的，显然一派胡言。他揣

纪连海谈 论语

摩到秦二世因玩弄阴谋而登上皇位，担心自己地位不稳固，于是借机向秦二世进言要他"严刑酷法"消灭一切敌对势力，这正好符合秦二世的心意。残暴的秦二世杀戮了许多前朝大臣，几十个兄弟姐妹，连坐受刑的百姓更是不可胜数。弄得民不聊生，农民起义军很快就消灭了这个短命的王朝。赵高也没有得到好下场，子婴即位后，刺杀了赵高，并且夷其三族。

为官也好，为民也好，切不可被谄媚之言所迷惑，否则贻害无穷，后悔不及。

原文

子曰:"予欲无言。"子贡曰:"子如不言,则小子何述焉?"子曰:"天何言哉?四时行焉,百物生焉,天何言哉?"

纪老师说

海明威说:"我们花两年时间学会说话,花60年时间学会闭嘴。"

天何言哉?四时行焉。桃李不言,下自成蹊。

既然如此,我们又说那么多干什么呢?其实,话不在多,说在关键处就好。

元恭,字修业,广陵王元羽之庶子。八年不说话了,后来突然当了皇帝,只因他说了四个字——"天何言哉"!

权臣尔朱世隆之所以看好元恭,主要有三个原因。其一,元

纪连海谈 论语

恭沉默不语已有八年，性情温和，逆来顺受，与世无争，适合当傀儡；其二，元恭的曾祖拓跋濬、祖父拓跋弘、大伯元宏都是皇帝，在世系上属于皇族近枝，根正苗红；其三，元恭一向声望高，且比较年长，"若奉为主，必天人允叶"（《资治通鉴》）。在尔朱世隆看来，立元恭为皇帝，既易于操控，又名正言顺，且能堵住悠悠之口。

然而，元恭毕竟八年闭口不言，尔朱世隆担心其真哑不能说话，于是派尔朱彦伯"潜往敦谕，且胁之"。即向元恭说明来意，并进行人身威胁，如果能说话，就让他做皇帝。面对从天而降的巨大诱惑和粗暴蛮横的人身威胁，在不得不做出抉择时，元恭语出惊人，套用孔子《论语·阳货》中的四个字："天何言哉？"元恭此语不仅表明了自己能正常说话，而且以天自比，表现出了自己想当皇帝的意愿，可谓一语双关。

尔朱彦伯回去一汇报，尔朱世隆很满意，单等时机成熟，行废立之举。不久，尔朱世隆抓住时机，以武力逼迫当时皇帝元晔行尧舜之事，禅位给元恭。元恭也觉得很突然，于是奉表三让，以示恭谦，然后即位，大赦天下，改元普泰，成为北魏名义上的最高统治者，史称节闵帝。

原文

孺悲①欲见孔子，孔子辞以疾。将命者②出户，取瑟而歌，使之闻之。

注释

①孺悲：鲁人，鲁定公曾命他向孔子学礼，故亦是孔子学生。孔子为何拒见，待考。

②将命者：奉命的人。这里指传话的人。

纪老师说

孔子这一出是什么意思呢？有一幅"孔子圣迹图"，题目叫《瑟儆孺悲》，题目里有一个"儆"，意思是使人警醒，这段故事

纪连海谈 论语

一定是孔子用琴瑟警醒孺悲的。是否是上章的"予欲无言""天何言哉"的现实版呢？

孔子为什么如此高调地拒绝孺悲？有人猜测这是孔子独特的教育方式——无言之教，让孺悲独自反思去吧。如果这是真的，未免太任性了——我是说孔子。

孔子为何不见孺悲，不得而知。但从一般道理上讲，孺悲一定有令孔子不满，甚至生气的地方。比如"阳货欲见孔子，孔子不见"，就因为阳货篡权，孔子讨厌他。不过，对孺悲"辞以疾"，对阳货"不见"，记载不同，显示孔子拒见的态度有所不同。"辞以疾"较为客气，"不见"则决绝、利落。由此可知，孔子对孺悲未到厌恶的地步。

更为有趣的是"取瑟而歌，使之闻之"——不见就不见呗，还偏要弄出点动静来，让你知道我就是不想见你，这不是故意的又是什么？孔子此举，让人觉得有点儿不可思议。

但这异于常人的不可思议，一定暗藏玄机。可以想见，当传话人如实回禀，孺悲定然会想："先生其实没病，只是不愿见我。"接下来就会猜想："先生为什么不愿见我？是不是对我不满？"

倘若孺悲进一步反省自己的问题,从而内疚、自责,那孔子的目的便达到了;倘若孺悲心生怨恨,则说明此人觉悟水平低下,"孺子不可教也",孔子确实没见他的必要。

孔子实在是高!

纪连海谈 论语

原文

宰我①问："三年之丧②，期已久矣。君子三年不为礼，礼必坏；三年不为乐，乐必崩。旧谷既没，新谷既升③，钻燧改火④，期⑤可已矣。"

子曰："食夫稻⑥，衣夫锦⑦，于女安乎⑧？"

曰："安。""女安，则为之！夫君子之居丧，食旨不甘⑨，闻乐不乐，居处⑩不安，故不为也。今女安，则为之！"宰我出。

子曰："予之不仁也！子生三年，然后免于父母之怀。夫三年之丧，天下之通丧也。予也有三年之爱于其父母乎？"

注释

①宰我：名予，字子我，孔子学生。

②三年之丧：古代礼制：父母死了，要守孝三年。可这种礼制已经很久不被遵循了，宰我向孔子请教，意在讨论是否能重新制订丧礼的时间。

③升：登场。

④钻燧改火：古代钻木取火，所用的木头四季不同，春用榆柳，夏用桑柘，秋用柞楢，冬用槐檀。此为岁月年轮，叫钻燧改火。改火，即改木取火。

⑤期：一周年。已：止，结束。

⑥食夫稻：古代北方以小米（稷）为主要食物，水稻为珍品，故服丧的人不能吃。

⑦衣夫锦：古人服丧时穿素色麻布孝衣，不能穿有文采的丝织品。

⑧于女安乎：对你来说心安吗。

⑨旨：滋味美，这里指味美的食物。甘：香甜，甜美。

⑩居处：古代服丧期间，要住在临时搭的简易草棚或木棚里守孝三年，睡在草编的垫子上，枕的是土块。这里的居处指住在平日所住的房子里。

纪连海谈 论语

纪老师说

宰我就是那个大白天睡觉的"朽木",被孔子骂了个够,可偏偏这块"朽木"就是"不可雕",挨了臭骂仍然不知悔改,这次居然又提了个大逆不道的问题,想把天下人通行的三年丧期改为一年。

粗粗看来,宰我的质疑合乎道理。其一,君子极其重视礼乐,而居丧三年,远离礼乐,则礼乐必然生疏,乃至崩坏,故居丧三年时间太久。其二,人们的生产、生活随着自然变化,一般均以一年为一个周期,综合考虑,居丧一年足矣。

但是,在孔子看来,宰我只是围绕时间长短作文章,没有说到根本。孔子回应宰我,直指他的"心",逼问他居丧一年就恢复生活常态是否心安。

按一般人的想法,宰我应该回答——不安。接着孔子就可以借题发挥,好好教育教育他,谁知道宰我居然回答——安孔子多少有点尴尬:如果心安,你就去做好了。宰我出去后,孔子开始破口大骂:哪个孩子小时候不是被父母一把屎一把尿拉扯了三年?三年之丧,是天下通例,难道宰我不是父母生的吗?

可是,到我们今天,守丧不仅不是三年,而且也不是宰我提出的一年，而仅仅只剩三天了。人死如灯灭，三天以后，早已是灰飞烟灭，形迹全无了。还守什么丧，戴什么孝，禁什么歌舞礼乐呢？不在三天内大吃大喝，猜拳行令就算谢天谢地了！

其实说来也不是什么大事，还是孔子的那句话：这样做，你觉得心安吗？心安，那你就这样做吧！

为父母居丧，不在时间长短，而在是否诚心以敬。有些人，打着孝敬的名号，行哗众取宠之实，实在恶心至极。

《后汉书·陈蕃传》记载了这样一个故事：有一个叫赵宣的人，守丧二十余年，一直一个人住在墓道之中。于是郡长官认为他是大孝子，推荐他做官。当陈蕃得知他有五个儿子，并且这五个儿子都是他居丧期间生下的，这就说明他违犯了居丧期间夫妇不可同房的规定，于是大怒，给他以惩罚。赵宣本想以居丧持久来哗众取宠，却不料身败名裂。

要我说，父母在时，好好孝顺，比什么都好！

纪连海谈 **论语**

原文

子曰:"饱食终日,无所用心,难矣哉!不有博弈①者乎?为之,犹贤乎已②?"

注释

①博弈(yì):下棋。

②贤:好,胜过。乎:介词,表比较,用法同"于"。可译为"比"。已:止,这里指什么都不干。

纪老师说

博弈是两种游戏。

"博",即六博,古代的一种棋局游戏,近似后代的双陆。《说文》曰:"博,局戏也,六箸、十二棋也。"段玉裁注释说:"古戏,今不得其实。"

"弈"，即围棋。《说文》曰："弈，围棋也。"所谓"围棋"，是指下棋者执黑子或白子，以子围而相搏杀。

饱食终日，无所用心，不如博弈。难道孔子赞成游戏人生？孔子当然不赞成游戏人生，孔子之所以说博弈比无所用心好，是因为博弈还要用心，动心思。但是，孔子在这里并不是主张人们去学博弈。他是在暗示门人学子要有所用心，不要饱食终日。

梁启超在《敬业与乐业》中，对孔子的两句话："饱食终日，无所用心，难矣哉！""群居终日，言不及义，好行小慧，难矣哉！"做了生动而饶有趣味的讲解：孔子是一位教育大家，他心目中没有什么人不可教悔，独独对于这两种人便摇头叹气说道："难！难！"可见人生一切毛病都有药可医，惟有无业游民，虽大圣人碰着他，也没有办法。

孟子说得更为尖刻："人之有道也，饱食，暖衣，逸居而无教，则近于禽兽。"

在这个问题上道家的看法刚好相反。《道德经》第三章："是以圣人之治，虚其心，实其腹。"吃饱喝足，什么都不想，这样做的结果就是老百姓不争、不盗、不乱。

看来，道不同，的确不相为谋。

纪连海谈 论语

原文

子路曰:"君子尚勇乎?"子曰:"君子义以为上①,君子有勇而无义为乱,小人有勇而无义为盗。"

注释

①义以,即"以义"。介词宾语"义"由于强调而前置。上,指最高尚的品德。

纪老师说

因为子路好勇,所以他问这种问题,希望得到老师的表扬。

最初子路见孔子时,"冠以雄鸡,佩以豭豚。二物皆勇,子路好勇,故冠之。"子路用公鸡毛插在头上,穿着皮衣服,象斗鸡一般,雄纠纠地去见孔子,我们可以想象出子路的好勇之态,尽管孔子"设礼稍诱子路",子路亦"儒服委质",接受孔子的礼义教化,但秉性难改,子路的伉直好勇终其一生而未能脱尽,为此,他常遭师之痛责。面对子路的问题,孔子就说,君子崇尚道义,以义为标准。

君子光有勇敢而没有道义的话,那就会变为强盗。他练了一身武艺,飞檐走壁,那就可以当强盗了,可以偷,可以抢。勇必须要有义来对它进行约束和限制,不然这种勇就会流于狂弊。

说到"君子能勇无义为乱",就不能不让人想到三国时期的吕布,吕布论勇猛武功,天下第一,无人能敌。但就是这样好勇的吕布,被世人所看不起,张飞骂他"三姓家奴",吕布曾先后侍奉过袁术、丁奉、董卓等,并认丁奉、董卓为义父,所谓认贼作父,加剧了军阀混战,被世人认为是势力之人,反复无常。虽是一代名将,最终被曹操擒获,杀死。

孔子告诫子路,勇要用礼义来约束,以义为上,只有在义的约束下,勇才会成为一种勇往直前的力量。

纪连海谈 论语

原文

子贡曰:"君子亦有恶乎?"子曰:"有恶:恶称人之恶者①,恶居下流而讪②上者,恶勇而无礼者,恶果敢而窒③者。"曰:"赐也亦有恶乎?"恶徼④以为知者,恶不孙⑤以为勇者,恶讦⑥以为直者。"

注释

①恶称人之恶者:第一个"恶"读(wù),第二个"恶"读(è),厌恶传扬别人坏处的人。称人之恶者,者字结构,名词性质。称:称道,传达宣扬。

②流:疑为衍文。较早版本的《论语》无"流"。讪(shàn):诽谤,攻击。

③窒:阻塞不通。这里指顽固不化。

④徼（jiǎo）：窃取，抄袭。知：同"智"。

⑤孙：通"逊"。谦虚。

⑥讦（jié）：揭发、攻击别人的隐私。

纪老师说

《论语》全书，共有十恶，均在《阳货篇》。恶紫、恶郑声、恶利口。本章七恶，孔子有"四恶"，子贡有"三恶"。

这里孔子列举了四种自己憎恶的现象或容易犯这些毛病的人：说人坏话，毁谤上级，勇而无礼，盲动不通。子贡补充了三种：以窃取为聪明者，以鲁莽为勇者，以直为荣者。

其实，君子所厌恶的不是某个人，而是所有人身上的邪恶行为或错误行为，他们之所以厌恶不是出于个人的好恶，而是依据道德，厌恶那些乱德的行为。

如果无德无礼、缺乏修养的人占上风，社会风气就会败坏，甚至小人得志、君子遭殃。

我们都知道，伍子胥是一代忠良，当初是楚国人，家中都是贤良能人，但是受到陷害，最后逃到吴国，在吴国扎根，并且，效忠于吴国，一直都是忠心耿耿，为吴国出谋划策。

纪连海谈 论语

伯嚭同样也是，早年间是楚国的王公贵族，朝中重臣，但是被小人陷害，不得已逃到吴国，所以，最初，当伍子胥看到伯嚭时，便有一见如故的感觉。

伯嚭因为伍子胥的举荐而成功地在朝中获得一席之位。但伯嚭变得越来越贪婪，也越来越好大喜功，贪财好色。这样就和伍子胥的观念不同，后来，越王勾践找到伯嚭，让伯嚭帮助自己，做"里应外合"，因为有钱财、美女，伯嚭便答应了，但是，这件事遭到了伍子胥的阻挡，于是伯嚭，便不顾伍子胥当时搭救、举荐自己的恩德，设计陷害伍子胥，最后，使得伍子胥无奈自杀。

伯嚭是典型的中山狼，得志便无礼乱德。当然，他也没有好下场，虽然他成功地帮助越王勾践复了国，但是最后还是被勾践杀死，并且斩草除根。

原文

子曰："唯女子与小人为难养①也，近之则不孙②，远之则怨。"

注释

①难养：难以调教。

②不孙：不谦逊，无礼貌。孙，通"逊"。

纪老师说

如果孔子只说小人而不说女人，恐怕这段话就不会在后世一再受到攻击了。并且，有许多时候，男人说女人时就用这段话的前半句，小人倒没感受到委屈，女人却感到无比的冤枉了。

实事求是地说，孔子这段话对一般女子的某些特征概括得很

纪连海谈 论语

有道理。尤其是那些在恋爱中的女子，太符合孔子的论述了：你对她太好了，太宠爱了，她往往会恃宠而骄，动辄赌气不理你，这就是所谓的"近之则不孙"，弄得你啼笑皆非，不知要怎样去讨得她的欢心；反之，你只要稍稍对她有些疏远，一两天没有打电话，没有微信联系她，那她就会怨气冲天，恨死你了，非得要你给说上好几箩筐的好话，认罪悔改，永不再犯才行，这大概就是"远之则怨"了。

那么，孔子是不是轻视妇女，所以把她们与"小人"并列而论呢？

其实，孔子是对事不对人，"近之则不孙，远之则怨"，意思是近也近不得，远也远不得，怎么都不中，恋爱中的女子，不都犯这毛病么？

另外，除本章外看不到孔子批评女性的话。但在《礼记·哀公问篇》中却看到了孔子对于女性的尊重。

哀公询问孔子怎样执政时，孔子明确强调要特别重视三个方面，即尊重妻子、尊重儿子、保护好自己的身体。

孔子提出，"人道政为大"，就是最大的人道是政治，所谓的政治，就是用"正"来治，来管理。政治的首要问题是正确处理夫妻、父子、君臣的关系。而首要是夫妻，因此国君要特别重视成婚大礼，要特别敬重亲爱自己的妻子。这是政治的出发点，也是一切关系的出发点。

"弗爱不亲，弗敬不正"，说得太精彩了，这是孔子要求国君对待夫人的态度，也是一切男人对待自己妻子的态度。如果没有爱的感情就不会亲近，如果没有敬的心理就不会端庄稳重，夫妻关系就不正常。如果夫妻关系不正常，其他关系便很难理顺。从这段文字可看出孔子将夫妻关系、将对妻子的尊敬亲爱看成是社会伦理关系中最重要的关系，而且明确要求国君以及男人要重视敬爱自己的妻子。

所以，说孔子歧视女性是没有道理的。

纪连海谈 论语

原文

子曰:"年四十而见恶①焉,其终也已②。"

注释

①见恶:被厌恶。见:助词,表被动。可用"被"译出。

②其:语气助词,表猜度。可译为"大概"、"恐怕"。终:终生。已:完。

纪老师说

孔子认为,四十岁左右是人生的重要阶段,到了这个年龄段的人,其品德修养等业已定型,若此时还"见恶"于人,那么其终生难有所成。

这里所说的"见恶",就是讨人嫌,被人不齿,不是"建树",不是说这个时期必须建功立业,姜子牙八十才建功立业呢。

对于今人来说,在年轻的时候因不懂道理而做了错事,尚属情有可原,但如果到了四十岁,言行举止仍显得粗鄙不堪,让人避之唯恐不及,那么他可能一辈子都难改了,这是我们应引以为戒的。

大家都熟悉的西游记的作者吴承恩,生于一个由学官沦落为商人的家族,家境清贫。吴承恩自幼聪明过人,《淮安府志》载他"性敏而多慧,博极群书,为诗文下笔立成。"

但他科考不利,至中年才补上"岁贡生",后流落南京,长期靠卖文补贴家用。晚年因家贫出任长兴县丞,由于看不惯官场的黑暗,不久愤而辞官,贫老以终。

30岁后,他搜求的奇闻已"贮满胸中"了,并且有了创作的打算。50岁左右,他写了《西游记》的前十几回,后来因故中断了多年,直到晚年辞官离任回到故里,他才得以正式《西游记》的创作。一生穷困的吴承恩,奋尽全力完成中外闻名的《西游记》后,带着悲喜交加的心情,约于万历十年82岁时离开了人世。

据说吴承恩正式写《西游记》已经72岁的高龄了。

其实,四十岁以上的人照样可学知、可悟道。人生经验的积累和品行的磨练到达一定的程度时,其德行修养也会有质的飞跃。过了四十岁德行修养不够的人，自然更应潜心向学。

孔子意在劝诫处于这一年龄段的人有过就应迅速改正，不可自暴自弃，否则，老无所成，悔之晚矣。

微子篇

原文

微子去之①，箕子②为之奴，比干③谏而死。孔子曰："殷有三仁焉。"

注释

①微子去之：微子，名启。纣王的同母哥哥。纣出生时，他们的母亲才被立为帝后，故纣得以继王位，纣王暴虐无道，不听微子规劝，为了保住宗庙祭祀，微子离开了纣王。去：离开。

②箕子：名胥馀。纣王的叔父。纣王不听规劝，箕子披发装疯，被纣王降为奴隶。

③比干：纣王的叔父，纣王不听比干规劝，还说，听说圣人的心有七窍，我要看看，便剖开了比干的心。

纪连海谈 论语

纪老师说

圣人一生,轻易不以"仁"许人,却赞誉微子,箕子,比干为"三仁",这是为什么呢?

殷商末期,纣王常派兵征伐周边其他部族,特别是大规模、长时间地与东夷兵戎相见,致使国力削弱。雪上加霜的是,纣王骄奢淫逸,残暴无道,误国害民。

微子忧心忡忡,多次劝谏纣王,但毫无结果。微子绝望之际,想一死了之,而与两位叔父谋划。箕子说:"你死了,国家能够得到整治,那是值得的;死了而终不得治,那还不如离开。"于是,微子逃亡,隐居起来。周王朝建立之后,周公代成王封微子于宋。

太师箕子同样屡劝纣王,纣王仍旧不听。有人建议箕子离去,箕子认为那样便会彰显君主、朝廷之恶,而不忍心。两难之际,选择了装疯,结果被纣王贬降为奴,囚禁起来。后来周武王灭纣,向箕子咨询治国之道,箕子献上九大类理法。

比干见微子去,箕子狂,乃叹曰:"君主有过错不谏,就是不忠也。怕死不敢说,就是不勇也。君主有过则谏,因此死了,才是尽忠了。为人臣者,不得不以死争。"乃强谏纣王,连续三天进宫向纣王进谏,纣王恼羞成怒道:"你凭什么来强谏?"比干曰:

"修善行仁,以义自持。"纣王大怒,曰:"我听说圣人心有七窍,不知是真是假?"于是以此为借口命人剖比干取心,观其心。比干死。

不难看出,被孔子称为"三仁"者:微子逃避现实;箕子明哲保身;比干敢于担当,明知有生命危险,却大义凛然。

他们三个人的选择迥异,却为什么都被孔子称为"仁"呢?

微子是纣王的庶兄,出身低贱,而且兄弟无相争之义,纣王无道,危及朝廷,但朝廷不让微子继承王位,纣王又要加害于他,微子拔腿溜走,没有反戈相攻,已经非常对得起商朝和纣王了,不愧一个"仁"字。

箕子、比干对朝廷的责任就比微子大得多,特别是比干,纣王登基主要是他坚持的结果,自己造成的恶果自己承担,也不愧称为"仁"。

正如明代万历首辅张居正讲评说:"盖论人者不当泥其迹而当原其心。三人者就其迹而观之,虽有不同,原其心而论之,则其忧君爱国之忠、至诚恻怛之意,一而已也。其去者欲存宗祀,非忘君也。奴者欲忍死以有待,非惧祸也。死者欲正言而悟主,非沽名也。所以说,殷有三仁焉。"

纪连海谈 论语

原文

柳下惠为士师①,三黜②。人曰:"子未可以去乎?"曰:"直道而事人,焉往而不三黜?枉道③而事人,何必去父母之邦④?"

注释

①柳下惠:姓展,名获,又名禽。鲁国的贤大夫,柳下是他的封地,惠是他的谥号。士师:主管刑法的官。

②三黜(chù):三次被罢官不用。

③枉道:曲道。即不走正道。

④父母之邦:父母居住的国家。也即自己的祖国。

 纪老师说

我们前面已经熟悉了柳下惠这个人,他德才兼备,孔子对他推崇备至,称赞他举止得当、宽厚仁慈,是一个节行超逸的人物。

引申一下柳下惠的话,那就是:只要你坚持原则,认真正直地工作,随时都可能丢官,我们鲁国如此,到其他国家也是一样。相反,只要你不那么认真正直,不那么坚持原则,圆滑老练,那你根本就不会丢官,又有什么必要出走到国外去发展呢?

"天下乌鸦一般黑",柳下惠看得明白,所以,他直抒心志:我虽然被贬黜三次,但我就是我,是不一样的焰火。祖国虐我千百遍,我待祖国如初恋。不管在哪里,决不走歪路,而走正路,以正道立身处世,忽视功名富贵,这是他的人格光辉所在,也是他最伟大的地方。

明代泰山诗人萧协有诗赞曰:"薄宦甘三黜,高名百世芳",这是对柳下惠这一德行的高度颂扬。

 纪连海谈 论语

原文

齐景公①待孔子曰:"若季氏,则吾不能;以季孟之间②待之。"曰:"吾老矣,不能用也。"孔子行。

注释

①齐景公:名杵(chǔ)白,齐国国君。

②以:用,介词。季孟之间:指介于季氏和孟氏之间的礼遇。

纪老师说

春秋时,鲁国的大贵族孟孙、叔孙、季孙三家,分别是鲁桓公的三个儿子季友、仲庆父、叔牙的后人,为鲁国三卿,权势很大。尤其是季孙氏,一连好几代,都操纵着鲁国的政权。因此享有的礼遇最高,孟孙氏相对要低得多。

孔子三十五岁那年，鲁昭公被季孙为首的三家打得大败，逃往齐国。接着，鲁国就发生内乱，孔子也到齐国去了。

孔子在齐国，曾担任齐国大夫高昭子的家臣。齐景公很赏识孔子的政治主张和才干，每次见到孔子，一般都是向他请教关于治理国家的一些问题，而孔子的回答，也总是让齐景公很感兴趣，高兴之余，齐景公想起用孔子治理国家，并打算封地给孔子。

但这个想法遭到了齐相国晏婴的极力谏阻，他的政治思想同孔子是不一致的。他说，儒者这种人，夸夸其谈，能说会道，是不能用法来约束他们的；他们重视丧事，竭尽哀情，为了丧葬隆重而不惜倾家荡产，不能让这种做法形成风气；孔子讲究仪容服饰，详定繁琐的上朝下朝礼节，刻意于快步行走的规矩，这些繁文缛节，就是几代人也学习不完，毕生也搞不清楚。您如果想用这套东西来改变齐国的风俗，恐怕这不是引导老百姓的好办法。

另外还有一些齐国的高官也想加害孔子。因此，齐景公的态度就有了转变，再也不向孔子请教了，态度也不冷不热，不过齐景公对孔子还是很客气，把他当做国宾招待。

史上曾有人质疑孔子，说他嫌待遇低离开齐国，真是这样吗？

《吕氏春秋·离俗览·高义》提到，孔子见齐景公，齐景公要

纪连海谈 论语

把一个叫廪丘的地方封给孔子,孔子推辞不受,回来对学生说:君子先立功后受禄,我今天给齐景公提了很多建议,他都不采纳,却要送我廪丘。他太不了解我了。于是就离开了齐国。

这个故事足以说明,孔子的离开,是因为自己的政治理想不能实现,自己不被齐桓公理解,绝不是贪婪,嫌待遇低。

原文

齐人归女乐①，季桓子②受之，三日③不朝，孔子行。

注释

①归：通"馈"，赠送。女乐：女子歌舞队。

②季桓子：季孙斯，鲁国的上卿。是季孙肥（即季康子，谥号"康"）的父亲。

③三日：多日。

纪老师说 ● ● ●

"不战而屈人之兵""和平演变"永远是上上策。

能够让一国统治者沉迷于享乐，而不再图谋富国强兵，对于其邻国，实在是件求之不得的大好事。

 纪连海谈 论语

"齐人归女乐"给鲁国,就是个这样的"上策"、奇谋。

对于此事,《史记·孔子世家》是这样记述的:

孔子辅佐鲁定公在"夹谷之会"上挫败了齐国的阴谋,在国内发起"堕三都",打击了家臣的势力,这一系列举动引起了齐国的恐慌,他们认为孔子为政必霸,齐国首当其冲,于是齐景公采用了齐大夫黎鉏的离间计,在齐国选了八十位能歌善舞的美女和三十匹毛泽鲜亮的骏马送给鲁定公。

美女和骏马送到曲阜南门外,季桓子微服登城观望,十分养眼,往返再三。接着他又动员鲁定公登城观赏,鲁定公也心动不已,于是就欣然接受了齐国馈赠的美女和骏马。此后接连多日,鲁定公和季桓子都不上朝了,整日在后宫观赏齐女的歌舞表演。

子路失望地对孔子说:"您可以离开鲁国,另谋高就了。"孔子仍不死心,他说:"今天鲁国举行祭祀活动,按照惯例,国君和季氏都会给诸大夫分送祭祀贡品,如果今天我能收到祭祀贡品,可以暂时不离开。"

谁知鲁定公和季桓子天天歌舞升平,根本没有什么祭祀贡品,孔子第二天便失落地离开了鲁国。

历代几乎都有不爱江山爱美人的风流逸闻，至今已没有什么新鲜。新鲜的倒是我们见到孔子对这种事情的态度：道不同，不相为谋。于是，毅然决然地离开了鲁国。

纪连海谈 论语

原文

楚狂接舆①歌而过孔子曰："凤兮！凤兮！何德之衰②？往者不可谏③，来者犹可追。已而，已而④！今之从政者殆⑤而！"孔子下，欲与之言。趋而辟之，不得与之言。

注释

①接舆：楚国的一位贤人，为逃避现实而装疯，故说他是狂人。"接舆"并非他的真名。因为他接近孔子的车，因此称他为接舆。

②凤兮凤兮！何德之衰：古人称凤是一种灵禽，世道清明才出现。接舆用凤比喻孔子，批评社会如此黑暗，孔子却不去隐居。

③谏：劝阻。

④已而：罢了，算了。已：止。而：语气词。

⑤殆：危险。

纪老师说

接舆是楚国避世的一个狂人，其实是个隐士。孔子从鲁国出来在周游列国的路上，这个接舆故意从孔子身边唱着歌走过去。

他唱的歌词，貌似劝孔子在"何德之衰"的社会不要明知不可为而为之，既然从政危险重重，过去的时光就算了，现在还是放弃理想，过过自由人的生活吧。他唱完就走，根本不给孔子沟通探讨的机会，骨子里面透出的就是对俗世不屑一顾的态度。

不过虽然接舆狂放不羁，但是他所唱的内容却是寓意深刻，尤其是"往者不可谏，来者犹可追"这两句话，成为了后世的名言，意思是过去的不能挽回弥补，未来的还是能赶得上的，要努力争取。后多用作鼓励之辞。用我们今天的话来说，就是过去的就让它过去吧，关键的是要抓住未来。

关于"凤兮凤兮"还有一个小故事呢。

邓艾是三国时期魏国的杰出将领，深谙兵法，文武全才，内政也有建树。邓艾自小有口吃毛病，12岁时曾因见太丘长陈寔墓碑上刻着"文为世范、行为士则"，便将自己的名字改为邓范，字士则。后来因与族中地位高的人同名而改为邓艾。公元263年他与钟会分别率军攻打蜀汉，但他率先拿下了成都，是蜀汉政权的终结者。

纪连海谈 论语

《世说新语》载：邓艾口吃，语称"艾艾"（说话时称自己总是'艾——艾——'）。晋文王司马昭戏之曰："卿云'艾艾'，定是几艾？"（到底几个艾？）对曰："'凤兮凤兮'，故是一凤"（古人说'凤兮凤兮'，其实就是一只凤）。

从这个故事中，至少我们可以看到邓艾两方面的特质：一是他瞬间引经据典，化解了尴尬，凸现了他的机敏睿智。二是他熟读《论语》，说明他是个饱学之士。

原文

长沮、桀溺耦而耕①，孔子过之，使子路问津焉②。长沮曰："夫执舆者③为谁？"子路曰："为孔丘。"曰："是④鲁孔丘与？"曰："是也。"曰："是知津矣。"问于桀溺。桀溺曰："子为谁？"曰："为仲由。"曰："是鲁孔丘之徒与？"对曰："然。"曰："滔滔者天下皆是也，而谁以易之⑤？且而与其从辟人之士⑥也，岂若从辟世之士⑦哉？"耰而不辍⑧。子路行以告⑨。孔子怃然曰⑩："鸟兽不可与同群⑪，吾非斯人之徒与而谁与⑫？天下有道，丘不与⑬易也。"

注释

①长沮、桀溺：两位隐者。真姓名不详。长沮，站在地上的高个子。沮，腐烂植物堆集形成的泥沼。桀溺，浸在水中的大个子。桀，同

"杰"。魁梧。耦（ǒu）而耕：用耦耕的方法来耕地。这是古代的一种耕作方法，即两人各执一耜（读sì，犁），同耕一尺宽之地（两耜合耕，耕出之地的宽度恰为一尺）。耦，两人并肩耕作叫"耦"。

②津：渡口。

③舆者：执辔（读pèi，缰绳）于车的人，即拿着缰绳坐在车上的人。

④是：这个人。近指代词，作主语。"是知津矣"中的"是"同此。"是也"当"（是）这个人"讲，"是"也是代词，作谓语，主语省略。

⑤谁以易之：你们和谁来改变它呢。以：用法同"与"。谁：疑问代词，作介词"以"的宾语，前置。易：改变。

⑥且：况且。连词，表示递进关系。也可译为"再说"。而：连词，表顺承关系。不译。辟人之士：躲避坏人的人。指孔丘。辟，同"避"。

⑦岂若：哪里比得上。若：如。动词。辟世之士：躲避整个污浊社会的人，即隐士。这里是长沮、桀溺指像他们一样的人。

⑧耰（yōu）：播下种子后，用土覆盖。辍（chuò）：停止。

⑨以告："以之告"的省略。以：介词，译为"把"。之：代

词，指代遇长沮、桀溺之事。

⑩怃（wǔ）然：怅然失意的样子。

⑪鸟兽不可与同群：孔子不愿隐居山林，因此说不与鸟兽同群。与：介词，它的宾语省略。

⑫吾非斯人之徒与而谁与：我不跟天下的人在一起，又跟谁在一起呢。斯：这些。徒：徒众，人群。两个"与"都当"跟……在一起"讲，动词。"与"的宾语"斯人之徒"和"谁"前置。

⑬与：参与，参加，动词。

纪老师说

据《史记·孔子世家》载，鲁哀公六年，孔子离开楚国的叶地回蔡国，途遇长沮和桀溺。这件事也发生在孔子六十三岁时。

长沮、桀溺的真实姓名今亦不详，可能是生活在水边，又身材高大强健，所以才有了这两个名字。"沮，湿也""溺，没也"，都与水相关，"长"有高大之意，"桀"与健同义，有勇健之意。这两个名字表示了他们的外貌和生活环境，与接舆的取名方法相同，应该不是真实姓名。

那天孔子要过河，找不到渡口，让子路去问两位并肩耕作的高

纪连海谈 论语

大汉子。不料两人十分冷漠。长沮不但不回答，反而反问车上是谁（很可能是明知故问），然后是一阵冷嘲热讽："既然是孔丘，就该知道渡口在哪里，何必问人呢！"

子路碰了一个软钉子，只得请问桀溺。桀溺的回答更绝，他竟提出要子路改换门庭，离开孔子和他们一起隐居！

没有问到渡口，却碰了两个不大不小的钉子，子路懊丧地回来告诉孔子。孔子听后，脸上一副怅惘和失意的神态，自言自语地作了一番辩白。他清楚自己和隐士的距离，所谓道不同不相为谋，人怎能和鸟兽同群呢？他表明了自己改变世界的坚定决心："与人同群，毫无选择余地！既然与人同群，就要痛痒相关，不能坐观世乱；正是因为世乱，才需要救治。如果世界已很太平，很有秩序，人人都已安居乐业，那还需要我孔丘奔波什么呢？难道想把世界搞乱吗？"

孔子说这番话的时候，我们可以想见他内心的沉痛和激愤。这篇短文让我们看到了春秋时期两种不同思想的尖锐对立：强烈的忧国忧民和避世的隐居自乐，天下己任的气概和明哲保身的自私。

原文

子路从而后，遇丈人①，以杖荷蓧②。子路问曰："子见孔子乎？"丈人曰："四体不勤，五谷③不分。孰为孔子？"植其杖而芸④。子路拱⑤而立。止子路宿，杀鸡为黍而食之⑥，见⑦其二子焉。明日，子路行以告。子曰："隐者也。"使子路反⑧见之。至，则⑨行矣。子路曰："不仕无义。长幼之节不可废也；君臣之义，如之何其废之？欲洁其身，而乱大伦。君子之仕也，行其义也。道之不行，已知之矣。"

注释

①丈人：老者。

②荷：肩负，挑。蓧（diào）：田里除草用的一种竹制的工具。

③五谷：古代五种主要粮食作物。说法不一。一说指稻、菽

纪连海谈 论语

（shū，豆子）、麦、黍（黄米）、稷（与黍相似，不粘，即糜子。又说"稷"为高粱）。另一说有麻无稻。

④植：插。芸：通"耘"。除草。

⑤拱：拱手。古人的一种礼节，表示敬意。

⑥为黍：做黄米饭。黍：粘小米，产量低，故视为珍品。食之：给他吃，招待他。使动用法。

⑦见：使见。使动用法。

⑧反：同"返"。

⑨则：连词。表示事物出现在先，发现在后。可译为"原来已经"。

纪老师说

这一章仍然记孔子及弟子与隐士之间的矛盾冲突，即积极入世与消极避世之间的矛盾。

对于混乱的天下，人们大致有三种选择：随波逐流，奋而救世，逃避逍遥。

第一种人，可以发国乱财，日子可以很舒服，享荣华富贵。第三种人，也可以落得逍遥，幸运的还可以获得道德上的丰收。最危险的是第二种人，孔子属于这个群体。他们要失去一生的安逸，还不一定能成功，往往吃力不讨好。

本章描写的是孔子周游列国路途中的情景。文中的隐者，属于第三种人。他显然不喜欢孔子，讥讽孔子"四体不勤，五谷不分"，算不上什么"先生"。隐者的话暗含这样的价值引导：孔子应该隐居起来，和他一样种地，别管这个日渐混乱的世道。

这种话语虽然无聊，但是涉及信仰的坚持，所以孔子让子路回去，借子路之口表明自己的态度。"君子之仕也，行其义也。"说明自己做官的目的是推行道义，这个道义就是遵守"长幼之节""君臣之义"，这是"大伦"，也就是"礼"，礼不崩乐不坏则天下安。

过去有一个时期，人们认为这一章中老丈所说"四体不勤，五谷不分"是劳动人民对孔子的批判等。这恐怕是理解上和思想方法上的问题。对此，我们不多作评论。其实，本章的要点不在于此，而在于后面子路所作的总结，即，隐居山林是不对的，老丈与他儿子的关系仍然保持，却抛弃了君臣之伦，这是儒家向来都不提倡的。

纪连海谈 论语

原文

逸民①：伯夷、叔齐、虞仲、夷逸、朱张、柳下、少连②。子曰："不降其志，不辱其身，伯夷、叔齐与！"谓"柳下惠、少连，降志辱身矣，言中伦③，行中虑④，其斯而已矣⑤。"谓"虞仲、夷逸，隐居放言⑥，身中清⑦，废中权⑧。我则异于是，无可无不可⑨。"

注释

①逸民：超逸绝伦而又遭遗佚失去权位的人。旧注多指隐居之人。

②虞仲：周太王次子（见《秦伯》第1章）。夷逸：《尸子》、《说苑》谓夷人诡诸之后。朱张：《荀子》谓子弓者，见王弼《论语》注。少连：东夷人。

③言中伦：言语合乎逻辑顺序。中：合于。下同。

④行中虑："行为合乎理智。虑：思虑。这里当理智讲。

⑤斯：这样，代词。而已矣：句末语气词连用，表限止语气。可译为"罢了"。

⑥放言：放肆直言，说话无顾忌。

⑦身中清：洁身自好，保持清廉。

⑧废中权：废，发也。（《墨子·兼爱中》："废以为刑政，观其中国家百姓人民之利。"）。"废中权"意味行为主张达于权变。

⑨无可无不可：既不肯定，也不否定。

纪老师说 ● ● ●

本章是孔子对历史上七位著名隐逸者的一个总论。

"逸民"是指过去朝代遗留下来的人，其中留下姓名的一般都是做了隐士的"人才"。

孔子认为：只有为了不降志、不辱身而归隐的人，才是可敬的，所以伯夷、叔齐是一等一的榜样；虽然降志、辱身，但说话尚未出格，行为尚属谨慎的人，则"不过如此"（"斯而已"），即不必表彰，也不要责备，如柳下惠、少连；隐居以后仍然放言不

89

纪连海谈 论语

阿,又为人清正者,则说明其归隐避世只是作为暂时的策略,即虞仲、夷逸。可见孔子关注和看重的是人的"志",即理想信念和在实践中表现的执着程度。

最后一句是孔子的自白,更为重要。他说:我和这些人不同,能够怎样就怎样,不行就算了,不作强求。这里显示的人生态度,同他不主张反潮流的政治立场,完全一致。

不知道这些逸民心中所希望的正常生活是什么样子呢?

明末清初,同样有着隐逸生活经历的大思想家顾炎武有过一段关于"亡国"和"亡天下"的透彻精辟的论述,引用如下:

"有亡国,有亡天下,亡国与亡天下奚辨?曰:易姓改号谓之亡国。仁义充塞,而至于率兽食人,人将相食,谓之亡天下。……是故知保天下,然后知保其国。保国者,其君其臣,肉食者谋之;保天下者,匹夫之贱与有责焉耳矣。"

这便是"天下兴亡,匹夫有责"这句话的由来。

顾炎武这段话说得很明白:朝代兴亡更替,这是士大夫应该操心的事情,和天下老百姓没有什么关系。而当天下乱了,比如伦理纲常没有了,人都开始吃人了,就是每一个老百姓都应该关心并负起责任的事情了。

实际上，逸民选择生活在体制之外，不关心朝廷政治，但并不意味着他们是不关心天下之事、只顾自己生死私利之人。他们以高尚的品德，尊老爱幼，在社会上作出表率，或者教学乡里，或者调解邻里纠纷，明辨是非，都是在维持天下最基本也是最重要的伦理秩序。

纪连海谈 论语

原文

大师挚适齐①，亚饭干②适楚，三饭缭适蔡，四饭缺适秦，鼓③方叔入于河，播鼗④武入于汉，少师阳、击磬⑤襄入于海。

注释

①大师挚：鲁国太师，名挚，太师为乐官之长。大：一作"太"。适：往，到。这一章记载鲁君身边的乐师都一个一个走开了，反映了当时礼崩乐坏的局面。

②亚饭干：第二次吃饭时奏乐的乐师，名叫干。下面的"三饭"、"四饭"意同。古代天子、诸侯吃饭时要奏乐，每顿饭奏乐的乐师不同，故有"亚饭""三饭"等之称。

③鼓：击鼓。

④播：摇。鼗（táo）：小鼓。

⑤少师：乐官的助手，也即副乐师。磬（qìng）：古代乐器。用玉做成，悬挂于架上，以物击之而鸣。商代只有单一的特磬，周代常用十几个大小有序的编磬。

纪老师说

此章记鲁衰，乐官四散，逾河蹈海以去，云天苍凉，斯人寥落。"礼坏乐崩"，因而鲁国的宫廷乐师们各自散去。

据汉代《白虎通》载，"王者平旦食、昼食、晡食、暮食，凡四饭；诸侯三饭……"，"王"每天正式吃四顿饭，"诸侯"每天只能吃三顿。每顿正式吃饭，一定要有音乐"侑食"，每天就要有四次"侑食"的音乐演奏；"大师"和"亚饭、三饭、四饭"各负责一次指挥，是"音乐指挥官"。

鲁国被封为"公"，仍然是"诸侯"，按规定只能"三饭"，宫廷乐队怎么有"四饭"的职官？据《史记·鲁周公世家》载，周成王亲政以后，感激周公，"乃命鲁得郊祭文王"，这样，鲁国就有了属于"王"这一级别的全套礼乐班子。

这九位老乐师为什么要离开鲁国？

有人认为，孔子"自卫反鲁然后乐正"，乐师们从孔子这儿懂

 纪连海谈 论语

得了"礼乐"的"精神"及其"运用",不再愿意被"僭越"地使用,于是离开去做"逸民"。不知道这是不是真的。

但有一点可以肯定,一定是鲁国那地方做得不好,才遭致人才流失。

常言道:"良禽择木而栖,贤臣择主而侍。"人才短缺,必定缺乏吸引人才或使人才脱颖而出的机制;人才外流严重,必有压制人才、扼杀人才的环境,为政者的当务之急,不是到外面花重金招才引贤,而是立足本土,营造一种适于人才发挥才能的环境。

只要像燕昭王一样,筑好自己的"黄金台",还怕引不来更多的乐毅一样的人才吗?

原文

周公谓鲁公①曰："君子不施②其亲，不使大臣怨乎不以③。故旧无大故④，则不弃也。无求备⑤于一人。"

注释

①鲁公：指周公的儿子伯禽。周武王封伯禽于鲁为鲁国的开国君王。

②施：通"弛"，遗弃。

③怨乎不以：对没有被任用而抱怨。乎：介词。用法同"于"，译为"对"。

④无大故：没有重大过错。故：事故，变故。这里指过错。

⑤求备：求完全、求完美。

纪连海谈 论语

纪老师说

周武王取代殷商后,封周公于鲁。因周公留下来辅佐武王,武王去世后又因成王年少而摄政,故没就封,而使其子伯禽代就封于鲁,因此,伯禽就成了周代鲁国的第一任国君。

这一段话,是周公在伯禽赴鲁国上任临行前的嘱咐。他提出了四个要求:一是"君子不施其亲",就是说君子不疏远他的亲族;二是"不使大臣怨乎不以",即是说作风要民主一些,决策前多听听大家的意见。有功的要赏赐,有过的要惩罚,对优秀的人才要及时提拔,不要使大臣们抱怨不被任用;三是"故旧无大故,则不弃也",对下属臣子,如果没有恶逆等重大罪过,就不要遗弃他,这才不至于惹乱子;四是"无求备于一人",就是说人人都不是完人,看人切莫求全责备,要用其所长。千万不可要求每个人做到事事完善无缺。

周公教育伯禽要注意礼贤下士,具备谦德。无非就是为了让伯禽能够任贤使能,治理好鲁国。事实上,伯禽也没有辜负周公的期望,他在位46年,鲁国的政治经济都出现了新局面,成为当时诸侯国中一个重要的邦国,享有"礼仪之邦"的美称。

原文

周有八士①：伯达、伯适、仲突、仲忽、叔夜、叔夏、季随、季騧。

注释

①八士：下面提出的伯达等八人。此八人已不可考。旧说以为，周初有一妇人，连生四胎，每胎双生，故以伯适（kuò，括）、仲、叔、季騧（guā，瓜）排列，俊杰八人，谓其时人才之盛。按郑玄以为在成王时，刘向、马融以为在宣王时，清儒则以为在文、武时。推论而已。

纪老师说

周朝开国，重用了八个大人才。这八人是：伯达、伯适、仲

纪连海谈 论语

突、仲忽、叔夜、叔夏、季随、季䯄。后来他们随着国师姜子牙，率领西周军队很快地打败商纣王派来的重兵阻拦，并且攻入了都城朝歌。

据传"周八士"奋勇当先登上朝歌城头，与敌军肉搏时，忽然有士卒前来向周武王禀报："无道昏君要夺路逃跑！"话音未落，只见商纣王骑着独角兽横冲直闯而来。城下周兵被神兽踩死无数。周武王一时着急，想不出什么好办法阻止暴君。这时"周八士"迅速赶来，一齐动手，合力抬起城头上原先纣王派兵架好的沸腾大油鼎，从城头倾倒下去。但见冒着青烟的热油，正好倾泻到商纣王头上，连人带座骑立时烧成焦炭。城上城下欢呼雷动。周武王伐纣大获全胜，"周八士"功不可没。

在随后盛大西周开国大典上，人们举杯同庆祝捷。大厨师精心制作了用八样最珍贵的原料烧成的美味佳肴"八宝甜饭"，表示对开国元勋"周八士"的敬仰之情。这八样是核桃仁、葡萄干、花生米、芝麻、樱桃、红枣和优质糯米。本来应该配以山楂汁，但厨师有意改为烧酒火化红糖，寓意歌颂"周八士火化殷纣王"的丰功伟绩。因为西周建都西安，所以这道"八宝甜饭"便从古代一直流传至今，成为传统名贵秦菜而受到人们的分外看重。

子张篇

原文

子张曰:"士见危致①命,见得思义,祭思敬,丧思哀,其可已矣。"

注释

①致:拿出,献出。

纪老师说

本章提出了作为知识分子的士必备的四个条件,这些主张,是子张对孔子思想的发挥。

孔子认为在利与义之间,义重于利。见义勇为,舍生取义,就是必然的选择。在礼仪与情感之间,情感更为重要。所以,行礼时不必过于追求礼仪形式的完备,关键是要有真心实意。因此,"见

危致命,见得思义",这是君子所为,在需要自己献出生命的时候,他可以毫不犹豫,勇于献身;同样,在有利可得的时候,他往往想到这样做是否符合义的规定。这是孔子思想的一个精华点,也是儒家对君子的一个基本要求。

"见危致命"是做人的最高标准。我国自古及今,无数的先贤和革命先烈做到了这一点。

1934年10月,红十军团军政委员会主席方志敏与军团长刘畴西奉命率中国工农红军北上抗日先遣队突围北上。1935年1月24日,在怀玉山区被国民党部队重重包围,伤亡惨重,方志敏、刘畴西、红十九师师长王如痴等先后被俘。

方志敏在狱中写下了《可爱的中国》《清贫》《狱中纪实》等一批著名文稿,其中一篇文稿的题目是《死!——共产主义的殉道者的记述》,仅仅这个题目,就充分表达了他用生命去坚守信仰的信念。

1935年8月6日凌晨,在南昌市的下沙窝,方志敏与刘畴西、王如痴等被秘密处死。是年,刘畴西38岁,方志敏36岁,王如痴32岁,都是风华正茂时。

原文

子张曰："执德不弘①，信道不笃②，焉能为有？焉能为亡③？"

注释

①弘：弘扬，光大。

②笃：坚定，执着。

③焉能为有？焉能为亡（wú）：怎么能算有他，怎么能算没有他。意即可有可无。译文用意译。亡：通"无"。

纪老师说 ●●●

这是子张批评"执德不弘、信道不笃"的人，主要是说他们缺乏弘扬教化的责任感和切实履行的毅力。

纪连海谈 论语

他教育学生：不但要有仁德，而且还要弘扬仁德；不但要信仰正道，而且要坚守不移。只有这样，才能对社会作贡献。

不弘大，则狭隘；不笃实，则失其脚步。只有弘大而笃实，才能胸怀开阔而独立自信。人若做不到弘笃，其实也是可有可无的人。

晚年的孔子，兴趣转到传道上，传孔子之道的任务也就落在了这些孔门弟子的身上，子张、子夏、曾参、子游都是重要的传承者。

据《史记·儒林列传》记载，孔子卒后，七十子之徒散游诸侯，大者为师傅卿相，小者友教士大夫，或隐而不见。故澹台子羽居楚，子夏居西河，子贡终于齐……子张居陈，独立招收弟子，宣扬儒家学说，是"子张之儒"的创始人，子张之儒列儒家八派之首。

自汉以来，历代中国封建政府，无不宣扬儒家学说，而在这个过程中，对孔子一直很是推崇、尊重，给予很高的地位。据《后汉书·明帝纪》载，东汉明帝十五年东巡狩，"三月……幸孔子宅，祠仲尼及七十二弟子。"从这以后孔门弟子——包括子张，不断受到历代官府的祭祀。历代政府也不断对子张追加谥号，唐代尊为"陈伯"，宋代时又增谥为宛邱侯，以后又尊之为"陈公"。

原文

子夏之门人问交①于子张。子张曰:"子夏云何②?"对曰:"子夏曰:'可者与之,其不可者拒之。'"子张曰:"异乎吾所闻:君子尊贤而容众,嘉善而矜③不能。我之大贤与④,于人何所不容?我之不贤与,人将拒我,如之何其拒人也?"

注释

①交:交友之道。

②云何:说什么。疑问代词作宾语前置。

③嘉:夸奖,赞美。矜:怜惜,同情。

④与:用在分句末,表停顿,兼有舒缓语气的作用,可不译。

纪连海谈 论语

纪老师说

子夏和子张的交友之道，都是孔子所传授，之所以不同，盖因孔子因材施教。

孔子曾说："师也过，商也不及。"子张的缺点是"过"，他心高气傲，待人苛刻，做事常常超过一定的度，因而孔子教他要"尊贤而容众，嘉善而矜不能"，这也是孔子"泛爱众而亲仁"的思想。子夏的缺点是"不及"，他谨小慎微，待人宽厚，做事常常达不到一定的度，因而孔子教他要"可者与之，其不可者拒之"，这也是孔子"无友不如己者""益者三友，损者三友"，对"损者"当拒不与交的思想。

所谓"尊贤而容众，嘉善而矜不能"，一言以蔽之就是各方面的朋友都要交往，"三教九流，无所不为。"或者像孟尝君那样，连鸡鸣狗盗之徒也在交往之列，因为子张想得很洒脱：如果我自己是个大大的好人，那么什么人不能容纳呢？如果我自己不怎么样，那别人自然会拒绝跟我交往，我又何必费心思去想什么人该交往，什么人不该交往呢？

子张的交友原则不能说没有道理。而且，越是进入现代交际日益频繁的信息时代，他的话似乎就越有道理，越值得我们的公关小姐、公关先生们借鉴。

但老师孔子也的确说过"居是邦也,事其大夫之贤者,友其士之仁者"和"益者三友,损者三友"之类的话,要求交往朋友要有所选择,所以,子张的话虽然有道理,但在择友这一点上却似乎没有子夏的话合于师道。

因为子夏交友时有一定的选择,所以孔子预言自己去世后子夏会更进步。《说苑·杂言》记孔子曰:"丘死之后,商也日益,赐也日损。商也好与贤己者处,赐也还说(悦)不如己者。"子夏与子贡(端木赐)不同,子夏与比自己强的人交往,可以学到更多的东西,这正是自己不断进步的前提。

所谓"相识满天下,知心能几人?"所以交友有所选择还是应该的。或者,我们综合子夏、子张的看法,做到既广泛结交,又有知心朋友,这算不算得上是一种比较妥善的办法呢?

纪连海谈 论语

原文

子夏曰:"虽小道①,必有可观者焉②;致远恐泥③,是以君子不为也。"

注释

①小道:小技艺。

②可观者焉:值得借鉴的地方,可取的地方。焉:"于其间"的合音兼词。可译为"在它那里"。

③致远:达远,实现远大志向。泥:陷入,妨碍,名词活用作动词。

纪老师说

何为"小道"？小道是指各种农工商医卜艺之类的技能，哪怕再卑微的技能，也有它的可取之处，最起码它也是一种谋生的手段。

何为"大道"？《后汉书·蔡邕传》说："夫书画辞赋，才之小者，匡国理政，未有其能。"可见，匡国理政，造福天下，才是大道。

小知识小技艺，纵然有些可观之处，但君子决不浪费生命在细屑琐碎上，君子要有高远的志向，致力于治国平天下。

班超是东汉一个很有名气的将军，他从小就很用功，对未来也充满了理想。

公元62年（汉明帝永平五年），其兄班固（《汉书》的作者）被明帝刘庄召到洛阳，做了一名校书郎，班超和他的母亲也跟着去了。当时，因家境并不富裕，班超便找了个替官家抄书的差事挣钱养家。

当他41岁时，匈奴犯乱，大汉在西域的都户也不复存在。兴盛多时的丝绸之路凋蔽，严重影响东汉的政治经济社会发展。汉明帝刘庄诏令大军西征。早已对整天抄写官报文牍感到很厌烦的班超非

常惊喜,仰天长叹道:"大丈夫无他志略,犹当效傅介子、张骞立功异域以取封侯,安能久事笔砚间乎!"于是,把笔掷于地上,加入西征的队伍,被任命为代司马,跟随都尉窦固西征,屡建奇功。

公元73年,他奉命出使西域,他以机智和勇敢,克服重重困难,联络了西域的几十个国家,断了匈奴的右臂,使汉朝的社会经济保持了相对的稳定,也促进了西域同内地的经济文化交流。班超在西域呆了三十一年。巩固了汉朝的政权,维护了边疆的安宁。后被封为定远侯。

后来,人们把班超投笔于地、参军作战的故事叫做"投笔从戎",用来比喻施展抱负,为国立功。

原文

子夏曰:"日知其所亡①,月无忘其所能②,可谓好学也已矣。"

注释

①所亡:所不知道这东西。亡:通"无"。

②所能:能会的东西,所掌握的东西。

原文

子夏曰:"博学而笃志①,切问而近思②,仁在其中矣。"

注释

①笃志:坚持,坚守志向。

纪连海谈 论语

②切问而近思：联系自身，联系现实思考。切问：切身之问。近思：近身之思，思考身边的问题。

原文

子夏曰："百工居肆①以成其事，君子学以致②其道。"

注释

①百工：各行各业的工匠。这些人开始是奴隶，后来有一部分成为独立的手工业者。肆：古代制造物品的场所，如作坊。

②致：获得，掌握。

纪老师说 ● ● ●

从这几章的内容看，子夏认为从身边事出发，博学笃志，切问近思，仁就在当中，而道则可通过不断地学习去求索。

子夏以百工只有在作坊里才能"成其事"作比喻，来说明君子只有通过学习才能"致其道"，是对孔子教育思想的进一步发扬光大。"学以致其道"，一是说明学习的目的是"致其道"，因为知识本身并不是"道"，知识中蕴含的体现本质、规律、核心价值的基本精神，才是"道"。二是指明了"致其道"的途径和方法，就是要在学习的基础上，认真思考，虚心求教，从而领悟出知识之中内在的东西。

但惟有笃行，方能得真知，曾国藩云："出之于口，入之于耳，口耳之间四寸耳，曷足以美七尺之躯哉？"颜习斋云："凡事心中了了，口中说说，笔下写写，而不从身体力行过，全是无用。"

我们只要用博学、审问、慎思、明辨、笃行的工夫，在德智体各方面锻炼自己，持之以恒，日积月累，自然就会成功。

我国著名科学家童第周，就是从滴水穿石的生活小事中，悟到了生活的哲理，从而锲而不舍地努力，成就了非凡的学业和大德。

童第周小时候好奇心强，脑子里好像装满了"为什么"似的。一天，他在屋檐下的阶沿上玩"跳房子"的游戏，突然发现石板上整整齐齐地排列着一行手指头大的小坑。咦，这是谁凿的呢？凿这一溜小坑有什么用呢？他把父亲从屋里拉出来接连问了几个为什么，父亲一看，笑着说："小傻瓜，这些坑不是人凿的，是檐头水滴出来的！"童第周不相信，把小脑袋一歪："爸爸骗人！檐头水滴在头上一点不疼，它还能在那么硬的石板上敲出坑来？"他父

纪连海谈 论语

亲耐心地解释道:"一滴水当然敲不出坑来,但是,长年累月不断地滴,不但能滴出坑来,而且还能敲穿洞呢。古人老话'滴水穿石'呀!"

童第周对这个道理虽似懂非懂,却十分惊奇。终于等到了一场大雨来直接证实父亲的话,他静静地坐在门槛上,看檐头水一滴一滴地滴在石板上,多么齐心,多么顽强,他心想,年长日久,自然水滴石穿了。于是逐渐领悟了父亲的话。

"水滴石穿",这是父亲对童第周的勉励,而事实上,童第周就是身体力行地实践着这种精神,他抓住每一分钟、每一秒钟,以顽强的毅力向着科学的顶峰登攀。

童第周28岁时,得到亲友的资助,到比利时去留学,跟一位在欧洲很有名气的生物学教授学习。一起学习的还有别的国家的学生。旧中国贫穷落后,在世界上没有地位,外国学生瞧不起中国学生。童第周暗暗下了决心:一定要为中国人争口气。

几年来,那位教授一直在做把青蛙卵的外膜剥掉的实验。这是一项难度很大的手术,需要熟练的技术,同样也需要耐心和细心。同学们都不敢尝试,那位教授自己做了几年也没有成功。童第周不声不响地刻苦钻研,反复实践,终于成功了。那位教授兴奋地说:

"童第周真行!"这件事震动了欧洲的生物学界,也为中国人争了气。

童第周凭借滴水穿石的精神,锲而不舍地追求,终于成为我国著名的生物学家,后来担任过中国科学院副院长、动物研究所所长。1978年获得全国科学技术先进工作者称号,被称为"中国克隆技术之父。"

纪连海谈 论语

原文

子夏曰:"小人之过也必文①。"

注释

①文:同"纹",文饰,掩饰。

纪老师说

人犯过错难免,关键是如何面对自己的错误,孔子已经反复说过:"过则勿惮改。"但小人犯了错误是一定会加以掩饰,文过饰非,不愿意承认的。

如果知错不改,还故意加以掩饰,甚至"闻过则怒",那么不仅不能维护自己的尊严,还会为人所不齿,以致铸成大错。

三国时的官渡之战,原本袁绍强于曹操,在资历、名望、地形和兵力上，袁绍都占有明显的优势。谋士田丰认为"曹公善用兵，变化无方，众虽少，未可轻也。"田丰的策略是："不如以久持之"，就是打持久战，这个"坐逸待劳"之计很有见地。可惜袁绍不仅不采纳，还以"扰乱军心"的罪名将田丰打入牢房。当袁绍强行征战大败而归后，不但不承认错误，反而怕被田丰讥笑，把田丰处死于狱中。这种爱面子、耍权威、知过不改的态度，正是袁绍由强变弱，最后落得一败涂地的重要原因。

纪连海谈 论语

原文

子夏曰:"君子有三变:望之俨然①,即②之也温,听其言也厉。"

注释

①俨然:恭敬庄重的样子。

②即:靠近。

纪老师说

德国人做事以严谨刻板闻名,意大利人以待人热情奔放闻名。所以,德国人对意大利人的评价是:"你非常令人可亲,但是无法令人可敬。"意大利人对德国人的评价是:"你非常令人可敬,但是无法令人可亲。"由此我们可以看出,不管是严谨还是随意,不管是严肃还是活泼，都有所欠缺。

子夏"君子有三变"的论述，是给怎样把握"庄严"和"和蔼"的度树立了一个标准。

子夏认为，君子的"第一印象"最好给人以庄重的感觉。不过，"第一印象"后，当他与你深入接触时，"第二印象"应该是和蔼可亲，而不是老板着面孔的。至于"第三印象"，即谈起话来，语言应该是严厉而有威信，这样才能够使人畏服。

《论语》中描述孔子"温而厉，威而不猛，恭而安"，与此处子夏所说差不多，但可能子夏指的也是君子的普遍情态，因为，日常生活中遇到的君子也是远观而让人肃然起敬，与之交往却又感觉如沐春风，听其说话则句句入理，鞭策人进步。所说"三变"，并不是君子变化无常不可捉摸，而是与君子交往的感觉。

纪连海谈  论语

原文

子夏曰:"君子信而后劳①其民,未信,则以为厉②己也;信而后谏,未信,则以为谤己也。"

①劳:指役使人民。
②厉:虐待,折磨。

纪老师说

"信"比天大,无论古今,只要能获民心,便能得天下、治天下。取信于民,百姓才能心甘情愿地听从命令;取信于君,进谏、规劝才能取得效果并能自保。

唐太宗李世民的治国之道,归根结底,便是"以民为本",取

信于民；他最大的特点，就是善于纳谏。正因为这样，唐朝才经济发展，社会安定，政治清明，人民富裕安康，出现了空前的繁荣，形成了历史上的"贞观之治"。贞观王朝的强盛是中国任何一个王朝都无法比拟的，它是我国历史上最为璀璨夺目的时期，而唐太宗，则是封建治世最好的榜样。

魏征主张取信于民，不要朝令夕改，让人无所适从。

唐朝原定18岁的男子才能参加征兵服役。一次，为了多征兵巩固边境，唐太宗要求16岁以上男子全部应征，魏征坚决不同意。他说："涸泽而渔，焚林而猎，是杀鸡取卵的做法。兵不在多而在精，何必为了充数把不够年龄的人也弄来呢？况且这也是失信于民。"

唐太宗问自己是否有失信于民的事，魏征举了三个例子。太宗虽然觉得言词尖刻，难听刺耳，但心中仍很高兴，认为魏征忠于朝廷，是以精诚之心辅佐自己以信义治国。

于是便下令停止执行征召中男入伍，同时奖赏魏征金瓮一口，以资鼓励。

纪连海谈 论语

原文

子夏曰:"大德不逾闲①,小德出入可也。"

注释

①逾:超越。闲:木栏,这里指界限。

纪老师说

子夏认为立身处世,只要人生总的方向不走偏、公德不亏,具体事务、私人事务处理得有一些失误偏差,不必纠缠。

当然,这样说并不是鼓励在小节上蓄意越轨犯规的意思,而只是说对人不必求全责备而已,这是需要特别加以指出的。

康熙末年,李卫任户部郎中,当时有一个亲王主管户部,钱粮入库时,亲王叫他每收一千加收十两。李卫指出这样做不妥,亲王不听，硬要坚持，李卫便用一个柜子将收到的银两装进去，并写明这是亲王让他多收的，放在户部门口，弄得亲王十分难堪，之后再不敢多收。

这事被雍正看在眼里，对李卫秉公办事、不畏权贵的气魄十分佩服。等到他即位后，便任李卫做了云南盐驿道，后因政绩卓著又升任云南布政使。当时有人提出李卫不是科举出身，不应提拔。雍正说："国家用人，应以贤德为标准，不能讲出身，科举出身中有真才实学的要用，不是科举出身只要有真才实学同样要用。"

李卫生性直爽，性格粗暴，有时难免对人刻薄，对上司也有顶撞，于是有人又向雍正告状。雍正对前来告状的人说："李卫粗率狂妄，这是大家所知的，我用他，主要是看他做事干练，清明廉洁，很有政绩，其他那些都是小事。"后来，李卫成了雍正王朝三位封疆大吏之一。

纪连海谈 论语

原文

子游曰:"子夏之门人小子,当洒扫应对进退①,则可矣,抑②末也。本之则无,如之何?"子夏闻之,曰:"噫③!言游④过矣!君子之道,孰先传焉?孰后倦⑤焉?譬诸草木,区以别矣⑥。君子之道,焉可诬也?有始有卒者,其惟圣人乎!"

注释

①当:承当,承担。应对:答应,对答。进退:指出出进进随喊随到做点小事。

②抑:不过。连词,表转折关系。

③噫:感叹词。可译为"唉"。

④言游:子游。

⑤倦:不因为把"本"摆在后面而倦于教诲。

⑥譬诸草本，区以别矣：就像种植草木一样，应当按类区别对待。草木有大小，比喻学问有深浅，应当分门别类，循序渐进，由浅入深，先末后本去学习。诸："之于"的合音兼词。区：类。以：介词。可译为"按"。"区"是它的宾语，前置。

纪老师说

孔子之学，能传于后世，二人都有贡献。此番辩论，应该在孔子离世后，他们都已经开始教授学生了。

显然，二人的教学方法不一样。子游所言，强调学习要抓重点，而重点在本不在末。子夏所言，强调学习要有次序，次序有先有后，要先近而后远，先浅而后深，先末而后本，区分类别，循循善诱，要有一个"下学而上达"的过程。

谁说得对？谁的方法好呢？其实，子游和子夏，都是孔门十哲，同为文学科。他们所说的话，没有谁对谁错，只是角度不同、教学风格不同而已。

以我们教育孩子为例吧，我们当然要教孩子做人的大道理，要教孩子爱祖国、爱人民。但同时也要教孩子懂礼貌，见了熟人要问好，出门之前要先和大人打招呼等等。总之，《弟子规》里面的那

纪连海谈 论语

些小规矩，也挺好的。

大事都须从小事做起，连小事都做不好，何以成大事？

东汉时期有一个人叫陈蕃，他学识渊博，胸怀大志，少年时代发奋读书，以天下为己任。一天，他父亲的一位老朋友薛勤来看他，见他独居的院内杂草丛生、秽物满地，就对他说："你怎么不打扫一下屋子，以招待宾客呢？"陈蕃回答："大丈夫处世，当扫天下，安事一屋乎！"薛勤当即反问道："一屋不扫，何以扫天下？"陈蕃听了无言以对，觉得很有道理。从此，他开始注意从身边小事做起，最终成为一代名臣。

原文

子夏曰:"仕而优则学①,学而优则仕。"

注释

①优:指有多余的精力。"仕而优则学"可以帮助其处理好政事。"学而优则仕"可以验证其学的东西是否扎实,有用。

纪老师说

这一章讲学习与为政的关系。

"十年寒窗无人问,一举成名天下闻。"读书人学有所成,考取功名,通过做官以实现自己的政治抱负和社会理想,这的确是中国古代知识分子成功的人生道路,也是儒家提倡的人生之路,它所体现的是积极入世的人生态度,并没有什么特别"罪大恶极"的地

纪连海谈 论语

方。这就是"学而优则仕。"如果说它有什么问题,那也是社会和时代的问题,而不是因为子夏这样说了就有了问题。

"仕而优则学",强调做官以后继续学习的重要性和必要性。古代有作为的官员,家中都有一个书房,公余之暇,就在书房读书,以求在学识上不断进步。"学而优则仕",强调学有所成之后要出来做官,报效国家。

因此,这两句话合乎逻辑的解释便应当是:工余之时进行学习,学习之后再继续办公;其基本精神便是"办公与学习相结合"或"做官与治学相结合"。中国古代许多文人出身的官员,他们的实际生活,就是这样的。

南宋爱国诗人陆游,是位能文善诗的文学天才,一生著作甚丰,至今尚存诗歌9000余首和数十册文集。除在文学上有杰出的成就,他在抗敌救国的仕途中,始终充满了慷慨激昂、拥马横戈的爱国主义精神。而他自少至老,好学不衰,堪称为官文人的典范。陆游任隆兴(今江西南昌)通判时,写过一首《秋夜读书每以二鼓尽为节》:"腐儒碌碌叹无奇,独喜遗编不我欺。白发无情侵老境,青灯有味似儿时。高梧策策传寒意,叠鼓冬冬迫睡期。秋夜渐长饥作祟,一杯山药进琼糜。"头顶白发尚挑灯夜读,只因明日还有公务在身才控制自己只读到二更时分，肚子饿了，就喝杯山药粥——一个安贫乐道、孜孜好学的官吏形象跃然纸上。

如今的时代，知识更新迅猛，为官者更应该"仕而优则学"。

纪连海谈 论语

原文

子游曰:"丧致乎哀而止。"

纪老师说

生死于人为最大,虽是自然规律,但文明终是衍生出特定的仪式来庆生吊死,只是仪式既久,人就会忽略其本义,子游正标示出吊丧的根本是表达哀伤

孔子对于丧事的态度不是一味地讲究"厚葬",而更讲究内心的哀痛,在《八佾篇》第四章说:"丧,与其易也,宁戚。"在仪式完备与内心哀痛之间,孔子选择了哀痛。子游此处所说的"致乎哀而止"一方面有在丧事上要致哀,表达出自己的悲痛,但另一方面也有"节哀"的意思,避免过于哀痛而"失性"或伤身,所以需要"止"。

所以《孝经》里面制定一个礼，就是"三日而食"，孝子在父母过世时可能哀痛到不能够吃饭，但是不能够超过三天，三天之后一定要进食，不然就可能损害身体。

原文

子游曰：“吾友张也为难能也①，然而未仁。”

注释

①张：子张。也：语气助词，用在主语后，表提顿语气，兼有舒缓语气的作用。可不译出，也可译为"么"或"呀"。

原文

曾子曰：“堂堂①乎张也，难与并为仁矣。”

注释

①堂堂：形容仪表壮伟，气派十足。

纪老师说

这两章中的"张"都是指子张,所以这两章是子张的两个同学对他的综合评价。

子游承认子张是个难得的人才,但认为还称不上仁人。曾子用"堂堂"表彰子张的"难能","堂堂乎张"是对子张的极高赞叹,而"难与并为仁",是说我们若不注重内在修为,就很难和他比肩,很难达到与子张一样的修为水平。

其实,就孔子本人而言,他所赞叹的"如其仁、如其仁"的没有几位,除了尧、舜、汤、文、武、周公等,在其学生当中他称赞过哪位达到了仁的境界?没有。除了对管仲、子产有些赞叹外,对自己的学生,孔子没有轻易表露过有谁达到了仁的境界,包括颜渊在内。

用"堂堂"形容一个人,这应该算是至高无上的评价了。

看过唐宋传奇《虬髯客传》的人都知道有这么一段:虬髯客看到隋炀帝荒唐,天下大乱,于是乎准备逐鹿中原,但他望到太原有天子之气,听人说李世民很了不起,就专门到太原去看李世民,当时李世民才十七岁,一见面,虬髯客这个大丈夫不由得为之气馁,

一下就觉得底气不够了,气虚了。李世民的堂堂之气把他压倒了,他感觉到"难与并为仁矣",所以后来他主动退避三舍,不与李世民争天下了。

原文

曾子曰:"吾闻诸孔子:人未有自致①者也,必也亲丧乎!"

注释

①致:尽致,极致。指人的真情完全表露、发泄出来。

纪老师说

中国人的个性内敛,其感情常被压抑,轻易不肯爆发。而父母与子女的深厚感情,是什么也代替不了的,一旦父母之丧,其椎心泣血之情,噬心蚀骨之痛,往往喷薄而不能自已。

"男儿有泪不轻弹,只是未到伤心时",孝悌乃仁之本,亦是人之本,当自己的父母双亲去世时,斯人已逝,己欲行孝,无所由行,能不悲恸吗!

纪连海谈 论语

魏晋时期营陵（今山东昌乐东南）人，博学多能。父亲王仪被司马昭杀害，他隐居以教书为业，终身不面向西坐，表示永不作晋臣。其母在世时怕雷，死后埋葬在山林中。每当风雨天气，听到雷声，他就跑到母亲坟前，跪拜安慰母亲说："裒儿在这里，母亲不要害怕。"他教书时，每当读到《蓼莪》篇，就常常泪流满面，思念父母。

原文

曾子曰:"吾闻诸孔子:孟庄子①之孝也,其他可能也;其不改父之臣与父之政,是②难能也。"

注释

①孟庄子:仲孙速(名速),鲁国大夫。他的父亲是仲孙蔑,即孟献子。有贤德,故孟庄子用其臣,守其政。

②是:这。代词,作主语。

纪老师说

人们通常以为赡养敬顺父母,就是孝了,其实这是基本要求,更高的要求是《中庸》里讲的"善继人之志,善述人之事",即后代人创造性地继承前代人的事业。

纪连海谈 论语

孔子赞扬孟庄子能保持其父的臣子、政策，是说如果父亲的政策正确，就没有必要无故加以调整，如此可保证国政的延续性。一朝天子一朝臣，其原因就在于当政者以私见加于国事。所以能像孟庄子那样实事求是，故旧不遗，便是值得称道的美德。

萧规曹随，就是沿用旧制深得百姓拥戴的佳话。

惠帝二年，萧何死了，曹参接替萧何做汉朝的相国，所有的事务都没有改变，完全遵守萧何制定的规约。惠帝责怪曹参不治理国事，曹参说："陛下和高皇帝比哪一个圣明英武？"皇上说："我怎么敢与先帝比呢！"曹参又说："陛下看我的能力和萧何比哪一个更强？"皇上说："你好像赶不上萧何。"曹参说："陛下说的正确。况且高皇帝和萧何平定天下，法令已经明确，现在我们恪守职责，遵循前代之法不要丢失，不也可以吗？"惠帝说："你说的太对了！"

曹参在朝廷任丞相三年，极力主张不扰民，遵照萧何制定好的法规治理国家，使西汉政治稳定、经济发展、人民生活日渐提高。他死后，百姓们编了一首歌谣称颂他说："萧何定法律，明白又整齐；曹参接任后，遵守不偏离。施政贵清静，百姓心欢喜。"史称"萧规曹随"。

原文

孟氏使阳肤为士师①，问于曾子。曾子曰："上失其道，民散久矣。如得其情，则哀矜②而勿喜！"

注释

①孟氏：孟孙氏，鲁国大夫。阳肤：相传是曾子的弟子。士师：司法官。

②哀矜：哀怜，同情。

纪老师说

本章内容是曾子的弟子要被任命为典狱官了，要替国家执掌法令，行使权力，临上任前来向老师请教，作为孔子的嫡传弟子，曾子深得老师真传，故有此一番教诲。

纪连海谈 论语

曾子感叹于今日执掌国家权柄的上位者"失其道"——首先背离了正道,致使其行草上之风不正,老百姓自然是被吹得东倒西歪,离心离德了。

鉴于此,曾子告诫学生,当一个司法官,固然要用心办案,破获不法,以阻止犯罪,但是,也要体察犯罪的原因,有一颗悲天悯人的心,对那些没有经过教化、因无知而犯罪的民众,给予怜悯同情,切不可以破案而沾沾自喜。曾子此言,要义是强调为政执法必须体恤民情,心存恻隐,慎用刑罚。

孔子的另一位学生子羔,曾在卫国做士师。办案时曾对一位罪犯施过断足之刑。后来卫国大乱,子羔驾车出城逃难,来至城门时,脸色大变。原来,他看见守门的正是当年被自己施刑的人。不料,看门人见子羔过来,不仅没拦阻,反而爬上子羔的车一起逃走了。子羔问守门者为什么这样做,守门人回答:当时是我幸运,遇到你,断案能援情度理;若遇上其他哪位倒霉催的,可就不只是断足,而是要掉脑袋了!这样的记载,很可看作是"哀矜勿喜"的注脚。

原文

子贡曰:"纣①之不善,不如是之甚也。是以君子恶居下流②,天下之恶皆归焉③。"

注释

①纣:殷商的最后一位君主,名辛,纣是他的谥号。是历史上有名的暴君:昏君。

②下流:下游。这里指由于干了坏事处于众恶所归的地位。

③焉:"于其间"的合音兼词。

纪老师说

千秋功罪,谁人评说?子贡不愧为孔门高足,居然敢说出一向恶贯满盈的殷纣王并不那么坏的话来,实在难得。更难能可贵的

纪连海谈 论语

是，他看到了人心的趋向，指出君子可千万不能不慎重，一定不要犯下大的错误，不要让自己处于低下恶劣的被攻击的处境，否则，墙倒众人推，恶往一处归，那任你是谁也是受不了的。

纣王，即帝辛，是舜的后代。他是商朝最后一位帝，在牧野之战中败于周武王，不屈服，自焚死。

商纣王到底坏不坏？坏！

他暴虐无道，专横跋扈，独裁专制，不听谏言，不听忠告，乱杀无辜，到了无以复加的地步；迷恋女色，宠爱妲己，妲己说杀谁就杀谁，说设酷刑就设酷刑；纣王的叔父比干，因进了几句谏言，说了几句真话，就被挖心而死。其所犯罪行，罄竹难书，商纣王给后人留下的是一部反面教材，永远不会读完。

但他真的一无是处吗？

当年，毛泽东在读《史记》时，对商纣王还表扬了几句："其实纣王是个很有本事能文能武的人。他经营东南，把东夷和中原的统一巩固起来，在历史上是很有功劳的。纣王伐东夷，打了胜仗，但损失也很大。俘虏太多，消化不了。周武王乘虚进攻，大批俘虏倒戈，结果使商朝亡了国。"

据说纣王开创了"不杀俘虏"的政策先河，在今天看来，这是

仁义之举。1949年《关于战俘待遇的日内瓦公约》规定，"给予战俘人道待遇和保护的根据是：按照战争法，合法交战人员不是以个人身份，而是以交战国武装部队成员的身份参加战斗。"纣王早在3000年前就已经这么做了。

看来，纣王也曾做过好事啊，可惜，因为坏事做绝，名声太恶，人们已经看不到他的好了。

子贡这是在告诫我们：君子修养，要敬谨慎重，要有向上的追求，不可自甘堕落，甘居下流，你的形象一旦坏了，人们自然会把许多坏的事、坏的想象都加到你身上。

纪连海谈 论语

原文

子贡曰:"君子之过①也,如日月之食焉:过也,人皆见之;更②也,人皆仰之。"

注释

①过:犯过错。名词活用作动词。下面的"过"同此。

②更:改正。

纪老师说

所谓瑕不掩瑜。日食月食,太阳月亮暂时好像被黑影遮住了一样,但最终却掩不了太阳月亮的光辉。君子有过错也是同样的道理。有过错时,就像日食月食,暂时有污点,有阴影,一旦承认错误并改正,君子原本的人格光辉又焕发了出来,仍然不失为君子的风度，仍然受人敬仰。

君子如此，我们普通百姓也是如此，不怕犯错，就怕错了不知悔改。

"人谁无过，过而能改，善莫大焉"——语出《左传·宣公二年》。

晋灵公生性残暴，时常借故杀人。一天，厨师送上来的熊掌炖得不透，他就残忍地当场把厨师处死。正好，尸体被赵盾、士季两位正直的大臣看见。他们了解情况后，非常气愤，决定进宫去劝谏晋灵公。

士季先去朝见，晋灵公从他的神色中看出是为自己杀厨师这件事而来的，便假装没有看见他。直到士季往前走了三次，来到屋檐下，晋灵公才瞟了他一眼，轻描谈写地说："我已经知道自己所犯的错误了，今后一定改正。"

士季听他这样说，也就用温和的态度说道："谁没有过错呢？有了过错能改正，那就最好了。如果您能接受大臣正确的劝谏，就是一个好的国君。"

纪连海谈 论语

原文

卫公孙朝①问于子贡曰："仲尼焉②学？"子贡曰："文武③之道，未坠于地④，在人。贤者识其大者，不贤者识其小者。莫不有文武之道焉。孔子焉不学？而亦何常师之有⑤？"

注释

①公孙朝：卫国大夫。

②仲尼：孔丘的字。焉：疑问语气词，在这里作状语，表处所。可译为从哪里。

③文武：周文王、周武王。周朝的开国君主，儒家及历代的执政者都公认他们为圣人。

④坠于地：落到地上。这里指失传。

⑤何常师之有：为什么要有固定的老师呢，宾语前置。

纪老师说

这里的公孙朝,是卫国大夫。

孔子师徒周游列国时,在卫国待过很长时间,跟卫国大夫多少有一定接触。公孙朝向子贡打听孔子师从情况,子贡完全可以好好告诉他。但是,对公孙朝的问话,子贡却表现出了极大的不耐烦,这是为什么呢?

可能有两个原因:一是公孙朝的问题,可能是不怀好意,有质疑甚至怀有敌意;二是,子贡对这个问题有忌讳,不愿意回答。

在我们今天看来,孔子因为小时候家里穷,没有进过学堂,没有拜过名师,他的学问那么渊博,除了自我钻研外,就是四处拜师,多方求教,可以说是自学成才,而非科班出身。结合公孙朝的问题和子贡的态度,我们不难猜测,在当时人看来,孔子的学说来源不明,可能遭到非议。

子贡慷慨激昂地回击了公孙朝,点明了孔学之来源。后世对儒家思想传授的脉络作了梳理,而由韩愈在《原道》中首先提出了"道统"一说:"尧以是传之舜,舜以是传之禹,禹以是传之汤,汤以是传之文、武、周公,文、武、周公传之孔子,孔子传之孟轲……"道统之说,其实只是对子贡所言之细化,而首创者子贡也。

孔子说过"我非生而知之者",学则必有师,孔子那么大的学问,既然不是天才,当然不可能例外无师自通。他"学无常师",包括了多位名师,孔子曾问礼于老聃,访乐于苌弘,问官于郯子,学琴于师襄,更兼不耻下问,所以有无老师丝毫无损于孔子荣誉,却更见其伟大。

有人说"名师出高徒",见某名人,便一心想着拜入他的门下,将来"钱"途无量。可如果是真正懂得学习的人,会从身边事物入手的。

宋朝的一个画家范宽,他的画简直炉火纯青,今天一般人恐怕看不到真品了。范宽的画极其珍贵。他的画为什么那么好呢?谁是他的老师呢?他的老师就是大自然。他有一句话"师古人不如师造化。"他可以一个人去深山野林,一两个月就看看天气的变化,其中水、树木的颜色都进行延伸变化,这样一来他看到的东西都已经装在他的脑子里了。等想画画的时候,想起在那个地方看到的景色就可以了。

原文

叔孙武叔①语大夫于朝曰:"子贡贤于仲尼。"子服景伯②以告子贡。子贡曰:"譬之宫墙③,赐之墙也及肩,窥见室家之好。孔子之墙数仞④,不得其门而入,不见宗庙之美,百官之富。得其门者或寡矣。孔子之云,不亦宜乎!"

注释

①叔孙武叔:名州仇,鲁国大夫。

②子服景伯:名何,鲁国大夫。

③宫墙:这里指围墙。宫字本义指房舍,其后才引申这官职之义,这里指房舍而言。

④孔子之墙数仞:孔子:这里是子贡尊称老师。下一个"孔子"是子贡尊称叔孙武叔。仞:古时八尺为一仞。

纪连海谈 论语

原文

叔孙武叔毁仲尼。子贡曰:"无以为①也!仲尼不可毁也。他人之贤者,丘陵也,犹可逾也;仲尼,日月也,无得而逾焉。人虽欲自绝,其何伤于日月乎?多②见其不知量③也。"

注释

①无以为:意思是"不用这么做"。以:此,这么。作状语。

②多:副词,仅,只。

③不知量:不自知其分量。

纪老师说

这两章都是写的子贡回击叔孙武叔之类诽谤孔子的人。他不是直接批评,而是巧妙设喻。前章以宫墙设喻,后章以日月作比,其比喻的运用非常巧妙,包含了两方面的含义:一是子贡对老师高尚的品格、渊博的学识的由衷赞美;另一方面是有力地嘲讽了那些"不得其门而入""自绝于日月"之类的人物。正是由于这些人不理解孔子,达不到孔子那么高的层次,对比之下更显出了孔子的高大和这些人的浅陋无知。这样,既抬高了孔子,又回击了诽谤者,还表明了自己的观点和立场,可谓一举三得,充分显示出子贡极善言辞的性格特点。

曲阜城的正南门上的"万仞宫墙"牌匾,即由此而来。正南门原名仰圣门,古时七尺或八尺叫作一仞,后人觉得"孔子之墙数仞"不足以表达出对孔子的敬仰,就将"数仞"改为"万仞"。明胡缵宗题写了"万仞宫墙"镶在仰圣门(阜城的正南门)上。清乾隆皇帝为表示对孔子的尊崇,又换上了自己御笔书写的"万仞宫墙"四个大字。

子贡对老师的特殊感情使他在孔门弟子中具有特殊地位。子贡还有一点与众不同,他不仅能言善辩,而且还是一位经商能手。也许,人们很难把孔子、儒学与春秋后期显赫的大富商联系起来,然而在孔子时代,确实是作为富商的子贡"使孔子名布扬于天下",他不仅资助孔子及弟子周游列国,竭力捍卫和传播孔子学说,维护孔子形象,而且因为他的入门,那时有许多向学之士聚集到孔子周围,所以孔子说:"自吾得赐(子贡)也,远方之士日至。"作为孔子最亲密的弟子,子贡在弘扬孔子学说的过程中,起到了十分重要的作用。

《韩诗外传》记载得更为详细:

纪连海谈 论语

齐景公谓子贡曰:"先生何师?"对曰:"鲁仲尼。"曰:"仲尼贤乎?"曰:"圣人也,岂直贤哉!"景公嘻而笑曰:"其圣何如?"子贡曰:"不知也。"景公勃然作色,曰:"始言圣人,今言不知,何也?"子贡曰:"臣终身戴天,不知天之高也。终身践地,不知地之厚也。若臣之事仲尼,譬犹渴操壶杓,就江海而饮之,腹满而去,又安知江海之深乎?"景公曰:"先生之誉,得无太甚乎?"子贡曰:"臣赐何敢甚言,尚虑不足耳。臣誉仲尼,譬犹两手捧土而附泰山,其无益亦明矣。使臣不誉仲尼,譬犹两手把泰山,无损亦明矣。"景公曰:"善!岂其然?善!岂其然?"

关于这段历史轶闻,汉代刘向的《说苑》中也有记载。其大意是:有一次齐景公问子贡道:"你的老师是谁呀?"子贡回答说:"我的老师是鲁国的孔仲尼。"齐景公又问:"仲尼贤吗?"子贡回答说:"岂止贤呀,简直就是个圣人!"齐景公不以为然地笑着说:"他是怎样的一个圣人呢?"子贡回答说:"这我就不知道了。"于是齐景公悖然大怒:"你一开始说他是圣人,现在又说不知道,这是为什么呢?"子贡说:"我整天头顶着蓝天,却不知道天有多高;整天踏着大地,也不知道地有多厚。我向老师仲尼学习这件事，就好比渴了拿起壶瓢到江海里舀水喝一样，腹满而去，又怎么能知道江海有多深呢？"齐景公说："你对老师的夸奖是不是太过分了！"子贡回答说："我在你面前怎敢口出狂言，只怕夸得还不到位呢！就算我夸奖了仲尼，这也好比用手捧两捧土添加在泰山之上，它也不会增加泰山的高度；我即使不夸奖仲尼，也好比从泰山之上取走两把土，同样无损泰山的光辉。"齐景公（不耐烦）地说："好了，好了，哪像你说的这样！哪像你说的这样！"

西汉太史公司马迁说："子贡结驷连骑，束帛之币以聘享诸侯，所至，国君无不分庭与之抗礼，夫使孔子名布扬于天下者，子贡先后之也。此所谓得势而益彰者乎？"他充分肯定了子贡在宣传孔子学说方面所起的作用。子贡以商人出身，师从孔子，在经商和政治外交活动中，学习了孔子学说，又宣传了孔子的学说。商业经营、牟取利润与宣扬仁道在子贡身上得到了统一，他为后人树立了最初的"儒商"典范。

纪连海谈 论语

原文

陈子禽①谓子贡曰:"子为恭也,仲尼岂贤于子乎?"子贡曰:"君子一言以为知②,一言以为不知,言不可不慎也。孔子之不可及也,犹天之不可阶③而升也。孔子之得邦家者④,所谓立之斯立,道⑤之斯行,绥⑥之斯来,动之斯和。其生也荣,其死也哀,如之何其可及也?"

注释

①陈子禽:姓陈,名亢(kàng),字子禽。有人说他是孔子的学生,有人说不是。从这一章他称孔子为仲尼看,有人又怀疑他不是孔子的学生。

②知:同"智"。

③阶:阶梯。这里活用作动词,指沿阶梯上爬。

④得邦家者：指当上诸侯或卿大夫。邦：诸侯的统治地区。家：卿大夫的统治地区。

⑤道：通"导"，引导。

⑥绥：安抚。

纪老师说

陈子禽，小孔子40岁，子贡小孔子31岁，同是孔门弟子，两人在道德学业方面相差甚远。陈子禽对孔子常持怀疑态度。本章他借机吹捧子贡贬低孔子，于是子贡怒了，毫不留情地批评了他。

子贡用"不可不"来表示语气的强烈，并警告子禽说话要谨慎："君子一句话可以表现出他的聪明才智，一句话也可以表现出他的愚蠢糊涂"，意思是不要随便评价孔子，让别人觉得你愚蠢。然后子贡极力赞颂孔子，从人格力量的崇高伟大到治理天下和国家的经天纬地之才，最后落实到对他一生的评价，盖棺论定，一个圣人的形象由此而展现在我们的面前。

子贡为捍卫老师的尊严真可以说是不遗余力，对于树立孔门的威望也做出了不可磨灭的贡献。子贡视孔子为"天之不可阶而升也"，对于那些贬低孔子言行的人坚决给予斥责，使孔子在后辈学

纪连海谈 论语

人中一直保持高大伟岸、智慧仁爱的形象。

子贡对孔子有着特殊的感情。

《史记·孔子世家》载："孔子病，子贡请见。孔子方负杖逍遥于门。曰：'赐，汝来何其晚也？'"这是孔子对子贡的批评，但里边更包含着对亲人深厚的思念之情。在所有弟子中，孔子只是对子贡如此表达感情的。

孔子去世时，子贡正出使南方，听到消息后，带着南方特有的树种楷树回到曲阜，并祈愿"如果老师肯原谅他，就请让此树活下来"。后来，楷木果然活了下来，并在孔林里大量生长，也衍生出了楷雕艺术，并成为曲阜三宝之一。至今孔林里还有一处景观："子贡手植楷"，此树今天只留有部分树桩，树桩前有康熙皇帝手书的御碑"子贡手植楷"，曲阜人读"楷"为"皆"，也是为了纪念子贡的孝心。

孔子去世后，弟子皆服丧三年，守墓"三年心丧毕，相诀而去"，"唯子贡庐于冢上，凡六年，然后去。"足以看出子贡对老师的一片赤诚忠心。

清代施闰章题《子贡植楷》诗云："共看独树影，犹见古人心。经过筑室处，千载一沾襟。"

尧曰篇

原文

尧曰①："咨②！尔舜！天之历数在尔躬③，允执其中④。四海困穷，天禄⑤永终。"

舜亦以命禹。

曰："予小子履敢用玄牡⑥，敢昭告于皇皇后帝⑦：有罪不敢赦。帝臣不蔽，简⑧在帝心。朕⑨躬有罪，无以万方；万方有罪，罪在朕躬。"

周有大赉⑩，善人是富。"虽有周亲⑪，不如仁人。百姓⑫有过，在予一人。"

谨权量⑬，审法度⑭，修废官，四方之政行焉。兴灭国，继绝世⑮，举逸民⑯，天下之民归心焉。

所重：民、食、丧、祭。宽则得众，信则民任焉，敏则有功，公则说⑰。

注释

①尧：又称唐尧，相传为上古帝王，帝喾之子，祁姓，名放勋，原封于陶唐氏，孔子心目中境界最高的圣人。

②咨：感叹词，表示赞美。

③天之历数在尔躬：天之历数，即上天安排的帝王相承的次序。古人认为，能做帝王是由天命决定的。在尔躬：在你身上。躬：自身。

④允：真诚，诚实。执：坚持。中：中庸之道。

⑤天禄：上天赐给的禄位。

⑥予小子履：是上古帝王自称之辞。意思是自己是天帝的儿子。履，是商汤的名字。敢：表敬副词。可不译，也可译为大胆，斗胆。玄牡：黑色的公牛。

⑦昭告：明白告诉。皇皇：光明伟大。后帝："后"和"帝"是同义词连用，都是帝王的意思。这里指天帝。

⑧简：阅。这里是明白，知晓的意思。

⑨朕：我，上古时，执政者和普通人都可用"朕"称自己。从秦始皇起，专用作帝王的自称。

⑩赉（lái）：赏赐，赠与。

⑪周亲：至亲。（以下四句是周武王封诸侯的誓词）

⑫百姓：上古的"百姓"指受封的奴隶主贵族。因为只有这些人才有姓氏。

⑬谨权量：谨慎地检验审定度量衡。权：权衡。即量轻重的标准称。量：量容器的标准斗斛。

⑭法度：指分、寸、尺、丈、等长度单位。

⑮继：接续，承续。绝世：绝禄的世家，也即卿大孔子弟失去世禄的人家。古时卿大夫的封邑采地，由子孙世世享用，有罪或灭国都会绝禄。

⑯举逸民：推举超逸绝伦的人。

⑰说：同"悦"。

纪老师说

这是整部《论语》中最独特的一章，不是记录孔子及其弟子的言行，而是尧帝禅让帝位时告诫舜帝的话，商汤王讨伐夏桀时向上天祷告的话，周武王胜利后分封诸侯的话，等等。而且前后文字不相连贯，一般认为有所脱落。

编《论语》的人把这一章放在这里是什么意思呢？一般认为带有全书总结的性质，主要说明孔子"祖述尧舜，宪章文武"（《中

 纪连海谈 论语

庸》)的意思，说明孔子的思想都是源于尧舜文武这些古圣贤的。从尧、舜、禹到汤、文、武，以至于周公、孔子，《论语》编者第一次为儒家教化理出了某种脉理相贯的道统。

另外，也可以视为编辑《论语》的孔门弟子，对《八佾篇》中孔子所说"周鉴于二代，郁郁乎文哉！吾从周"的一个正式阐述。

尧舜禹汤加上武王，这是孔子时代已知的所有人间的开国帝王了，从他们的誓言训诫中，可以总结出人间帝王的职责：帝王统治百姓，不过是替天行道，这个道可以称之为"中道"，任用贤人、善人，惟道是从，你就当帝王；不行中道，致使百姓穷困，你就下台。作为帝王，要以教导百姓为己任，百姓没有教导好，不是百姓不好，而是帝王没有尽到自己应尽的责任，如果天要怪罪，也应该怪罪帝王，而不是百姓。

有了这样的历史认识，后世的帝王要治理国家，也就有了榜样。

"春风杨柳万千条，六亿神州尽舜尧"，这是毛泽东主席在1958年7月1日写的《七律·送瘟神》中的句子。对于写这首七律的缘由，毛泽东主席这样说："读六月三十日《人民日报》，（江西省）余江县消灭了血吸虫。浮想联翩，夜不能寐。微风拂晓，旭日临窗，遥望

南天，欣然命笔。"

在《孟子·告天下》有"人皆可以为舜尧"的句子，毛主席的尧舜禹的理想是六亿人民，人人可以安居乐业。

纪连海谈 论语

原文

子张问于孔子曰:"何如斯①可以从政矣?"

子曰:"尊五美,屏②四恶,斯可以从政矣。"

子张曰:"何谓五美?"

子曰:"君子惠③而不费,劳④而不怨,欲而不贪,泰⑤而不骄,威而不猛。"

子张曰:"何谓惠而不费?"

子曰:"因民之所利而利之⑥,斯不亦惠而不费乎?择可劳而劳之,又谁怨?欲仁而得仁,又焉贪?君子无⑦众寡,无小大,无敢慢,斯不亦泰而不骄乎?君子正其衣冠,尊其瞻视⑧,俨然人望而畏之,斯不亦威而不猛乎?"

子张曰:"何谓四恶?"

子曰:"不教而杀谓之虐;不戒视成⑨谓之暴;慢令致期⑩谓之

贼；犹之与人也⑪，出纳之吝谓之有司⑫。"

注释

①斯：就，才。副词。

②屏：摒除，排除。

③惠：施恩惠（给人民）。名词活用作动词。

④劳：使劳苦。即役使民众。使动用法。

⑤泰：庄重矜持。

⑥因民之所利而利之：就着人民认为有利之处而使他们在这里获得利。因：就着，借着。介词，表示动作行为发生时借助的条件。

⑦无：无论，不管。连词，表示无条件。

⑧尊其瞻视：使他的目光尊严。使动用法。瞻、视，这是两个同义动词连用，在这里用作名词，作"目光"讲。

⑨不戒视成：不事先告诫，而突然检查看他做成功没有。

⑩慢令致期：命令下达很慢，限期要求却很急。慢：慢下达，晚下达。形容词活用作动词。致：到。

⑪犹之：同样，一样。与：给予。

⑫出纳之吝：出手时吝啬。纳：本为"入"意，在这里只作

纪连海谈 论语

"出"的衬词,没有意思。有司:管理财务的小官。

纪老师说 ●●●

孔子对夏商周三代的政治经验和自己从政的经验进行了高度总结,针对从政者提出了"尊五美、屏四恶"的施政原则,告诉我们,为政的关键其实不在治民,而在治官。

何谓"五美"?

一美:"惠而不费"。

"惠而不费"如今已经成为中文的一个成语,意思是给了别人好处,自己也没有什么损失、耗费。如何才能做到呢?孔子说"因民之所利而利之"——君子就着百姓所想要得到的利益,而给予百姓好处,这样对于君子而言呢,却并没有耗费什么,损失什么,老百姓得到了好处,就是惠而不费。

或许有人问,这样的好事有吗?答案是肯定的。

《庄子》一书中讲了这样一则寓言:宋国的一家人,有一祖传秘方,冬天涂在手上不生冻疮,皮肤不会皲裂。这家人靠这个秘方世代漂布为生。有人路经这里,听说这家人有此秘方,用一百两金子买了他们的秘方。客人买到手后,就去南方游说吴王。吴越地处海疆，他游说吴王成功，做了吴国的海军将领。到了冬天，吴越两国发生了海战，吴国的水兵涂了他的不皲之药，不怕冷，不生冻疮，结果打败了越国，此人因之立了大功，割地封侯。这个购买秘方者岂不是做了一件惠而不费的事情？

二美："劳而不怨"。

执政者、领导人或者居家交友的最高境界就是让对方"任劳任怨""无怨无悔"。

三美："欲而不贪"。

人生有本能的欲望，欲则可以，不可过分的贪求。修养上，清廉要求自己，不可强求别人。

四美："泰而不骄"。

在态度、心境方面，胸襟要宽大，不骄傲。胸有大志，心有定力，与人相处不卑不亢，泰然自若，即使才华出众亦不会表现出骄矜之态，"任尔东西南北风，我自岿然不动"。

"泰而不骄"正是一个理想官员应该有的品质，亦是一个理想君子应有的道德修养。

五美："威而不猛"。

一个人的修养，对人要有威，威并不是凶狠。孔子解释威而不

纪连海谈 论语

猛,就是作为一级官员应该"正其衣冠,尊其瞻视"——整齐其衣冠,端正其容貌。这让我想到了官服,历朝历代,各级官员都是有着装要求的,官员需要按照要求着装,并且按照规定的礼仪做事说话,如此则一派严肃、威严,自可让人望之而产生敬畏之心。

说完"五美",再谈"四恶"。

一恶:"不教而杀谓之虐"。人并不一定对任何事情都有经验,而教了以后,改不过来,才可以处罚他。

56岁的孔子担任鲁国的大司寇,他上任时颁布了三大法令,实行实价买卖,男女分道而行,款待外国人。当时少正卯出来反对,被抓,手下问孔子杀不杀,孔子一向推行"仁政",主张教育,认为"不教而杀谓之虐。"因此,只是把他抓入牢中。

二恶:"不戒视成谓之暴"。对属下,事前不告诫、督促他,到时候又要他拿出成果来,做成功事情,这是不合情理的,这就是暴虐。

大家是否读过"郑庄公克段于鄢"的故事?这篇短文讲的是郑庄公设计,并故意纵容其弟共叔段与其母武姜。郑庄公对待其弟段就是典型的"不教而杀"和"不戒视成"。当段初有谋反之意时,郑庄公不加申斥,不去教训,反而是一贯的纵容。当段真的造反的时候，郑庄公便毫不手软，直至把段逼死在异国。正因为此，后人多认为郑庄公奸诈，不是个好人，至少不厚道吧。

三恶："慢令致期谓之贼"，自己玩弄法令，而希望别人达到目的，完成任务，符合自己的期望，这就是贼。

四恶："犹之与人也，出纳之吝，谓之有司。"古代的为政之人，经常要发放俸禄、福利、生产生活用品之类的财物给人，有些管事的人给人财物、福利的时候，出手相当吝啬，这叫做小气、严苛。

"五美"的前三美是指政事、后两美是指正人，"四恶"是为政者的四种禁止行为，综合起来就是孔子为政的主要政纲了，集中展现了儒家的政治主张。"尊五美，屏四恶"，对于今天的官员来说，也很有借鉴意义。

纪连海谈 论语

原文

孔子曰:"不知命,无以为①君子也;不知礼,无以立②也;不知言③,无以知人也。"

注释

①无以为:没有用来做君子的条件。也即不能做君子。无以:"无所以"的省略。为:做。后面两个"无以某"结构类此。

②立:指立足于社会。

③知言:指善于分析别人的言语,辨别它的是非善恶。

纪老师说

这一章是《论语》全篇的总结。孔门的学说最后落脚到命、礼、言三个支点上,说到底,还是立身处世的学说。

我们倒推下，反过来理解就容易了：

知言指能察言观色，"视其所以，观其所由，察其所安""听其言而观其行"，能了解别人话中微义，这样才能真正了解别人。

了解别人才懂得如何运用礼，才能与别人好好相处，才能在社会上立身立业。

知礼、由己及人，渐渐能心地清净，了悟到我们自己形而上的天命，知道宇宙人生的真相，以及由感而应的因果关系，这时才能真正成为一个君子。

在《季氏篇》里，孔子说："君子有三畏"，其中第一畏便是"畏天命"，而"小人不知天命而不畏也。"孔子所说的命，按照我们的理解，既指宇宙的自然规律，也指社会的发展、历史的变迁规律，最后，还包括个人由于所处环境和时代趋势而造成的命运、归宿。所以他说"不知命，无以为君子也。"如果你不知道这些，没有自知之明，你怎么可以把握住自己呢？

"不知言，无以知人也。"可见，知言是知人的基础，如何知言呢？下面的小故事，或许能给你以启发。

孔子率弟子周游列国的路上，有一天，孔子的一匹马脱缰跑到田里啃庄稼。

纪连海谈 论语

那块田地的主人上前抓住缰绳,怒气冲冲地把马牵走拴上,扣了起来。

子贡着急地说:"我去向那农夫索回马儿。"孔子没做声,听任弟子子贡前往。子贡见到那农夫便说:"我们正随老师孔子周游列国,旨在宣传周公之道,事关重大,亟待赶路,快归还我们的马吧!"那农民翻了翻眼,看了看儒生的打扮,似乎没听懂他的话,不予置理。

子贡碰了一鼻子灰回来,孔子感叹:"用别人理解不了的话去说服别人,有什么用呢?"

在弟子们都受到了教育之后,孔子方派养马人向那农民索马。

马夫找到那位农夫,十分客气地拉起家常来:"老兄,你农耕的地从东海直到西海,我们的马没拴好,这是我们的错。咱兄弟有缘相见。既然碰在一起了,我养的马吃你几口禾苗儿,也是难免的嘛!哈哈哈,这就麻烦老兄多照应了。"

农夫看着这位和自己穿戴一样的马夫,感到马夫亲切、实在,说的在理,便一边解马,一边笑着说:"老兄,快牵走你的马,赶路去吧。"

定价：38.00元